珍藏本

纪念版

汉译世界学术名著丛书

人文类型

〔英〕雷蒙德·弗思 著

费孝通 译

2017年·北京

Raymond Firth

HUMAN TYPES

ABACUS revised edition published

in 1975 by Sphere Books Ltd.

根据英国斯菲尔图书公司 1975 年修订版译出

本书作者(右)和译者在伦敦的合影(1983 年)

1. 用竹烟斗吸烟(新几内亚塔皮尼)

2. 港湾中马来人的小船

3. 身着传统服饰的米尼族年轻妇女（新几内亚高地）

4. 送别出访的妇女板球队(巴布亚基拉基拉)

5. 用篙撑装有舷外浮木的独木船(莫尔斯比港)

6. 在独木船上掌舵(巴布亚南海岸,迈卢)

7. 用树皮布偿付造船者(蒂科皮亚)

8. 为合资购买贸易用的帆船捐款(巴布亚莫尔斯比港托亚里皮人协会)

9. 在海滩上赶鱼(蒂科皮亚)

10. 在马来西亚吉兰丹海滩上拉渔网

11. 用牛耕稻田(马来西亚吉兰丹)

12. 起秧苗（马来西亚彭亨）

13. 在集市上卖水果和蔬菜(新几内亚拉包尔)

14. 卖篮筐和水果(马来西亚丁加奴)

15. 向扎里亚的酋长表示效忠的仪式(尼日利亚北部,1945年)

16. 用地灶烹调准备丧宴(蒂科皮亚)

17. 用酒祭奠神和祖先(蒂科皮亚,1952 年)

18. 戴面具的跳舞者扮演女精灵以及陆上和水中的巨大的动物精灵(尼日利亚东部,奥尼沙,1945 年)

汉译世界学术名著丛书
（120 年纪念版·珍藏本）
出 版 说 明

2017 年 2 月 11 日，商务印书馆迎来 120 岁的生日。120 年前，商务印书馆前贤怀揣文化救国的理想，抱持"昌明教育，开启民智"的使命，立足本土，放眼寰宇，以出版为津梁，沟通中西，为中国、为世界提供最富智慧的思想文化成果。无论世事白云苍狗，潮流左右激荡，甚至战火硝烟弥漫，始终践行学术报国之志，无改初心。

迻译世界各国学术名著，即其一端。早在 20 世纪初年便出版《原富》《天演论》等影响至今的代表性著作，1950 年代后更致力于外国哲学和社会科学经典的译介，及至 1980 年代，辑为"汉译世界学术名著丛书"，汇涓为流，蔚为大观。丛书自 1981 年开始出版，历时三十余年，迄今已推出七百种，是我国现代出版史上规模最大、最为重要的学术翻译工程。

丛书所选之书，立场观点不囿于一派，学科领域不限于一门，皆为文明开启以来，各时代、各国家、各民族的思想与文化精粹，代表着人类已经到达过的精神境界。丛书系统译介世界学术经典，引领时代思想,为本土原创学术的发展提供丰富的文化滋养,为推动中国现代学术和现代化进程做出了突出的贡献。

为纪念商务印书馆成立120周年,我们整体推出“汉译世界学术名著丛书”120年纪念版的珍藏本,寄望既利于文化积累,又便于研读查考,同时向长期支持丛书出版的译者、编者和读者致以敬意。

两甲子后的今天,商务印书馆又站在了一个新的历史时间节点上。我们不仅要铭记先辈的身影和足迹,更须让我们的步伐充满新的时代精神。这是商务人代代相传的事业,更是与国家和民族的命运始终紧密相连的事业。我们责无旁贷,必须做好我们这代人的传承与创造,让我们的努力和成果不仅凝聚成民族文化的记忆,还能成为后来人可以接续的事业。唯此,才能不负前贤,无愧来者。

商务印书馆编辑部

2017年10月

译者的话

我翻译的《人文类型》一书，作为《社会学丛刊》甲集第三种1944年在重庆商务印书馆出版，原著的作者是雷蒙德·弗思。该书最初是由英国托马斯·纳尔逊父子公司于1938年出版的。四十多年之后，我的译本经陈观胜和李培茱两位同志根据原著1975年的修订本补译后，得到了再版的机会。付印前编辑同志要我在书前写几句话，讲一讲该书翻译的经过。

原书作者是我在伦敦经济政治学院（以下简称伦院）留学时的老师。我们初次见面是在1936年秋季。他当时还年轻，只有三十六岁，长我十年，是伦院人类学系的高级讲师。弗思出生于新西兰的奥克兰市。在该市的大学毕业后，到伦院师从B.马林诺夫斯基教授攻读社会人类学，是这位教授手上第一个得博士学位的门生。后来继承了这位老师的讲座，为伦院的教授。他们师生两代使伦院在社会人类学园地上，以功能学派的旗子，独占鳌头达二十多年之久。我是1938年在伦院毕业的，当时欧战已迫在眉睫。我返国不久，马林诺夫斯基教授即离英去美，不久逝世，所以我是在他手上得博士学位的最后一人。一门弟子，本书作者和本书译者适占首尾。当我写此前言时，首尾之间的十余位同门弟子均已谢世，唯独我们两人尚在人间。

我从伦敦回到昆明，正值抗战初期，在云南大学社会学系任教，开始几年集中力量开拓内地农村调查。四十年代初，创办云大社会学系的吴文藻先生离开昆明去重庆，我不得不兼顾系务和开课讲学。这时我深感教材缺乏，所以赶译马林诺夫斯基的《文化论》和这本《人文类型》作教学参考书。前一本书提供了解剖文化结构的框架和功能学派的基本观点，后一本书为比较社会学提供了一个范本。两本书加在一起正可以作学习社会学的学生入门的引导。译成后即编入吴文藻先生编的《社会学丛刊》出版。

《社会学丛刊》的编辑宗旨，在丛刊的总序里有所说明，代表了当时一部分中国社会学者的"信念及要求"。总括起来有两条：一是"促使社会学之中国化"，一是"在中国建立起比较社会学的基础"。对社会学的方法在总序里也有一段阐述，编者认为科学工作必须"以试用假设始，以实地证验终；理论符合事实，事实启发理论；必须理论与事实糅合在一起，获得一种新综合，而后现实的社会学才能植根于中国土壤之上"。当时的行文，现在读来不太利落。意思与现在人们熟悉的"理论联系实际"和"实践是检验真理的唯一标准"等思想是一致的。当时之所以有这种要求，有其特定的历史条件，现在的年轻读者可能已不甚了解，所以得申说几句。

当我在1930年到燕京大学学习社会学时，系里用英文讲课的外籍教师已经不多，大部已由留学回来的本国教师所代替，但不少人在讲课时还是用英语，即便使用本国语言，也还得夹入大量外语词汇，因为许多外来的社会学概念尚未有适当的译法。班上所用的教材和指定的参考书几乎全是外文的。这很能说明，这门学科还没有在中国生根。这种情形使得一些想借助社会学去了解中国社会的学生感到不满。于是有一部分社会学者提出了“社会学中国化”的要求。

怎样把社会学和中国社会联系起来呢？当时的答复是采用人类学的方法。所谓人类学的方法是指当时西方人类学者所采取的实地调查的方法，就是以观察、分析具体的社会生活为起点，把观察结果提高到理性认识，通过反复比较求证，获得对人类社会的科学知识。实质上，这种方法是符合实事求是的精神的。这个学术方针不仅当时在这门学科的发展上起了重要作用，时至今日，我认为还是具有现实意义的。

再说比较社会学。这个名称最早是由抗战前(1937 年)曾在燕京大学讲学的拉德克利夫-布朗教授提出的。他是和马林诺夫斯基同时又齐名的英国社会人类学家。当他在美国芝加哥大学讲学时，就用比较社会学这个名称开课讲社会人类学。几乎是同时，弗思在大西洋对岸出版了这本《人文类型》——一本比较社会学的教材。

这不是偶然的巧合。三十年代，随着科技的发达而来的交通、信息、运输和经济的发展已把这世界上原来分片分块自给自足的地方性社区连成了息息相关的一个整体。被联系在一块的各地居民所习惯的生活方式和思想意识却是在长期各自封闭或半封闭状态下养成的，富于各美其美的排他性。现在突然把许许多多生活方式不同、思想意识殊异的各地居民投入一个休戚相关的共同体系之中，人类世界出现了一个史无前例的多元一体的格局。人类怎样在这个格局中和平共处、共同发展，成了一个具有挑战性的严重问题。社会人类学中出现比较社会学这个苗头与人类世界的这个大变化是分不开的。

回想一下人类学的这段历史是富有意义的。在第一次世界大战之初，以马林诺夫斯基和拉德克利夫-布朗为代表的社会人类学家，开始深入到海洋里的孤岛上去直接观察生活方式上富于地方特点的居民，创立了社会人类学里的功能学派。他们从基本上与外界隔绝的岛民生活中具体分析其社会结构各要素之间相互配合的系统性，使这门学科前进了一大步。现在回头去看，他们的研究反映了当时尚存在着"文化孤岛"，就是说世界居民中还保留着的门户深锁的深院小庭，这些实际上是还没有完全进入多元一体格局的小社区。从这个起点出发迎接多元一体格局所带来的对人类发展前途的挑战，社会人类学不可能停留在原来的地位上，所以在第二次世界大战前夕，出现了比较社会学的尝试。

比较社会学实际上是想引导在封闭式小庭院里培养出来的各美其美的文化观逐步开放，进入美人之美的相互容忍的文化观，来削弱以至消灭原有的文化排他性，为多元一体的格局奠定和平共处的意识基础。从这个意义上去看《人文类型》这本书，它在社会学或社会人类学中的地位就容易明白了。

当前的世界，多元一体的格局日益深化。但是在人们的意识上还没有走出各美其美的境界。为了人类能继续生存下去，我们在培养美人之美的容忍和观摩精神上还需要作进一步努力。至于怎样稳定多元一体的格局并预见它发展的前景，已是应当及早提到日程上的课题了。今天的人类学似乎还没有赶上这历史的要求。这是后话，在此不多说了。

关于这本书的修订和再版，还应当说几句话。我的译本出版后，曾经设法寄给弗思老师，但其后由于国内局势的变化，我们之间的信息来往中断了。后来，社会学受到批判，各校社会学系全被撤销，《社会学丛刊》更谈不上继续出下去了。已经发行的各书埋没在尘堆里有三十多年。直到党的十一届三中全会拨乱反正，才恢复了国际文化学术交流。八十年代初弗思参加英国文化学术访华团来到北京，我们才得重晤。相见之下，恍如隔世。他已年逾八十，早已退休，并因其在学术上的卓越贡献受封爵士爵位。

1983 年我接到英国皇家人类学会的通知，该会决定授我赫胥黎奖章并邀我去伦敦受奖，我才有再次访英的机会。我一到伦敦就去拜望这位老师。叙谈中提到一桩桩往事。他兴冲冲地从书架上找出我当年寄给他的那本用战时后方粗糙土纸印成的《人文类型》，他多年来一直珍惜地保存着。同时他又送了我一本 1975 年由斯菲尔图书公司出版的《人文类型》的英文修订本。我当时就说，我返国后一定要根据这修订本修订我的译本，重新出版。这个诺言却一直成了我心头的一笔债务，而且估计自己能支配的时间这样少，要偿还这笔文债，一时无望。有一天陈观胜和李培茱两位同志来看我，我诉说了这桩心事。他们同意帮我一把，承担修订译稿的事。稿成，商务印书馆编辑部要我阅校一遍，因此又耽搁了一年。现在付印有期，写此前言，作此交代。拖延之责，我当自负，并此告罪。

费孝通

1988 年 1 月 15 日于香山饭店

目　录

导　　言

这本书是很久以前写成的，现在出版社要将它重新出版，我对此很感欣慰。此书不仅在英国日益为人们所需要，而且还译成九种东西方文字。这表明它满足了人们的一种需要，即人们需要有一本书能简洁明了地说明社会人类学是研究什么的，它在现代世界中有什么意义。

我首先谈谈此书不论述的内容。自从它初版以来近四十年里，社会人类学的内容已更加精细复杂。而且经济人类学和政治人类学日益发展。它们对决策、交易和交换的理论，对获得、保持及行使权力的过程和结构的理论，进行了更细致的研究。它们还对宗教和巫术之类的特殊现象作了详细的描述和分析研究。但是它们越来越迫切要求有更精确的分析方法，包括定性的和定量的分析。尤其是它们不但对人们在社会环境中的行为方式非常注意，而且对他们想干什么和信仰什么也都更加注意。所以社会人类学必须考虑民族学、认知人类学、象征人类学、社会语言学和形式人种志。结构主义观点作为一种辩证对立的研究方法和一种有关人类思维活动的理论，比上述所有学科都更加引人注目。而且，作为一种理智化的马克思主义观点，它坚决要求彻底修正我们研究人类学资料的思想方法。

此书不是论述这些理论和方法，而主要是在广泛的实地调查的基础上论述社会中的人——他们的各种制度、思想和行为模式。我在写这本书时，心里当然有一个理论框架，其中一些理论贯穿在我对论题的安排上、例子的选择上和对数据的解释上。随着时间的流逝，我的思想起了某些变化，这也反映在我对初版的修改上。但这本书的主要思想没有变，因为人类社会有各种类型，作判断时需要特别注意下工夫去进行了解。为此需要一套研究方法，社会人类学提供了这样一套方法，即对风俗习惯进行比较研究的方法。这本书主要是说明，社会人类学研究的对象并不仅仅是异族人民。它研究一切人类社会——尽管西方和东方社会极为不同，研究起来可能特别困难。社会人类学不仅研究“他们”，也研究“我们”。对一个外国人来说，西方社会的行为方式也是稀奇古怪、不合道理的，正如我们看非洲或南海富于异国情调的社会的行为方式一样。从这个意义来说，我过去的结论的依据至今仍是正确的。

这本书的一个主要的内容是记述和阐明人类社会制度在不同的条件下所发生的变化，这些变化就好像是排列在一张时间表上似的。我在最后一章特别指出，社会人类学很注重研究不同时期社会制度的变化。

第一章头两页列举的关于行为和信仰的变化的几个例子，就清楚地阐明了这一点。在欧洲和北美，人们已不再认为女人穿长裤是稀奇古怪的事了；年轻人在婚前发生性关系如果不被认为是理所当然的事，至少也是容许的事，甚至该青年男女的父母也是这样认为的；严格执行教规的罗马天主教会已不再禁止教徒在星期五吃肉。有趣的是，引起变化的直接原因却各不相同。在英国，当然特别是在战争时期，妇女们才认识到穿长裤有许多的实际优点。由于大批妇女不断参加工业及其有关行业，认为妇女穿长裤有“男子气概”的看法渐渐消失了，把处于支配地位的妻子说成是在家中“穿长裤的人”这句话也不再有什么意义了。随着男女青年都以“牛仔裤”作为下装(这是个旧词)，以裙子和长裤作为区分两性的重要标志已基本上失去意义。由此可见，一件服装外表的改变与公认的两性区别的标准较深刻的改变是有联系的。

越来越多的人对婚前性自由采取容忍态度，是与物质生活的变化有间接联系的。汽车特别是摩托车的便利，使青年人较易躲避家长的注意。也许更为重要的是，现在已能以很低价钱购得相当可靠的避孕工具。同样重要的是：家庭中权威角色和权威观念的改变，青年人有更多的自由支配他自己挣得的工资，对包括性行为在内的各种行为的道德和宗教约束力的削弱，以及从根本上说，人们在很大程度上受到弗洛伊德观点的影响，而普遍地愿意以较理智的，不那么动感情的语言讨论性关系的问题。

天主教徒在星期五从不可以吃肉改变到可以吃肉，是由于废除了教廷的一项宗教敕令而最终实现的。然而这是在很长一段时期内力图使教会现代化的一个结果，而且还和下列一些现象多少有直接的联系，如做弥撒使用本地话，某些教士要求结婚过正常的家庭生活，甚至把基督教有关社会正义的教义和马克思主义的意识形态相结合。

对待种族关系问题的态度的改变，尽管很不彻底，却具有极大的社会意义。特别是美国南部，那里以前为了阻碍美国黑人的发展与合作而正式实施的法律的和社会的限制，现在已经不再实行，近十年来人权运动已成功地废除了大部分种族隔离界线。在英国，这种改变采用了另一种形式。由于战后有大批西印度群岛移民，后来又有大批亚洲移民，而且在本地出生的“有色”人也不断增多，种族意识和种族摩擦的问题日趋表面化，引起了官方的注意，社会科学家也对此进行了认真的研究。国家设立了种族关系委员会，实施了一些措施，虽然效果有限并受到很多批评，却显然是力图使种族平等的观念成为人民公认的、法律上有效的官方政策和社会义务。

在全世界范围内的一个最明显的制度改变，就是放弃殖民主义这一曾经公然得到认可的、对他国人民的发展进行政治统治的制度。过去在殖民主义统治下的亚洲和非洲各民族，差不多全都取得政治独立，大洋洲诸地方也已大都得到自治。有些“自治共和国”还在政治上受宗主国的控制，它们成了卫星国，或是某一强国领导的联邦中的成员国。对某些地区的“托管”在很大程度上是殖民统治的延续。现在时兴地被称为新殖民主义，然而早就以其他形式存在的经济上的统治，至今仍在许多领域内存在。尽管大多数新兴国家的自由受到这些限制，它们的社会结构却已发生了急剧的变化：出现了现代的政党，本地官员接管了行政机关，本地的社会知名人士和中产阶级的团体增多，技术和经济发展问题以及随之而来的都市化等问题都具有更多的地方色彩。

然而在所有这些变化的下面，仍然存在着很大的持续性。再看看我刚才列举的关于变化的例子。

西方妇女虽然在许多场合中穿上长裤，但她们在其他方面并没有失去其妇女的气质。西方妇女尽管有时穿“无领无肩的”衣服，但在海滨穿的游泳衣一般仍是将乳房遮盖起来的，而男子则裸露到腰部。妇女只在个别的场合才像男子那样打扮。她们那样打扮，并没有放弃女性角色，而是强调女性角色，表示她们与男子有平等的权利。还要注意到除了某些特殊情况——例如苏格兰人、希腊精锐步兵队士兵、僧侣和修道士、某些舞台角色（主要是喜剧），以及某些同性恋者“男扮女装”的暧昧行为以外，男人穿裙子，肯定是不合适的，人们认为裙子仍是妇女最好的服装。在关于两性关系的行为和道德观念上，也有很大的持续性。西方社会对男女青年婚前同居的现象固然非常容忍，却仍然坚信一夫一妻制的婚姻关系即使不是神圣的，也是正当的。无论在西方世界的什么地方，都不容许一个男子有一个以上的妻子，也不容许一个女子有一个以上的丈夫。婚外性关系可以视而不见，但是违反一夫一妻制的准则，从法律的观点看来就既是道德上的错误，又是违法的行为。社会对离婚所持的否定态度，也往往是根深蒂固的，尽管法律上的阻碍已大为减少。向现在的配偶提及他（或她）已离婚的配偶，往往被认为是“不礼貌的行为”；在同一社会环境中让两个活着的人与同一个人结为夫妻的想法，对许多人来说是令人难堪的。可见过分夸张的两性关系习俗的变化，一直围绕着婚姻观念在旋转，但却没有动摇牢固的一夫一妻制。

天主教有关吃肉的信仰，也有一个基本的持续性。尽管已有了准许在星期五吃肉这一重要变化，也就是说，已不把真正的肉作为赦罪仪式象征物了，但在领圣餐时吃象征性的肉的基本意义仍保持不变。领圣餐的人仍相信他们吃了圣饼，就等于吃了救世主基督的身体，但他们的眼睛看见的却不是肉，而是作为他们所吞咽的神圣物质的象征的面包。这是西方文明的核心,是一种非理性的信仰,其中的关于转变的观念与一般自然法则不符——这种信仰已持续了许多世纪,它与其他社会的信仰体系有许多相似之处。

在种族关系方面,虽然在公开的、正式的场合,在法律上已发生了很大的变化,但偏见和歧视仍广泛存在,社会上对人的态度仍是以肤色和体格特征来决定。在美国,虽然许多道义感强的黑人和白人曾为促进种族平等尽了很大努力,但根深蒂固的怀疑心依然存在。为入学和求职而发生的冲突、大学中的"黑人研究会"、黑人穆斯林和"黑人权力"团体的活动都证明这一点。问题还不止这些。波多黎各人、"奇卡诺人"、其他具有西属美洲血统的人以及在美国的各种东方人为获得他们心目中的正当待遇而进行的斗争,都具有种族对抗的成分。世界各地的少数民族问题,例如新西兰的毛利人、加拿大和美国的印第安人、澳洲的土著居民、阿萨姆的那加人、中国的苗族和其他少数民族,都包含了可称之为种族关系的因素。我们都很清楚,在英国,几乎被人称为"种族关系行业"的大量书籍和文章,指出了这种形势的敏感性以及公开的和隐晦的偏见的持久性。

战后,一些在政治上获得自治的新兴国家发展迅速,引人注目。然而,即使在这里,以前的社会结构的一些因素还往往继续存在。为了努力塑造一个与前政权下形成的社会特性有区别的新的社会特性,传统的制度往往受到重视和利用,有时还会重新流行起来。随着传统的部落、氏族和地方力量的集聚,往往出现集团之间的争权斗争。在处理公共事务或个人私事时,人们仍然愿意遵循社会礼仪的传统模式办事。他们认为是正确的和适当的,因此对它很重视。

最近有些批评家说,社会人类学者是在殖民主义的框架中从事研究工作的。还说这些人类学者即使没有积极支持过殖民政权,至少也是采取容忍的态度,没有对种族主义的态度和殖民主义的统治和剥削提出抗议。我和其他许多社会人类学者一样,曾在殖民地工作过,因此也不得不遵从当时的社会结构所作的重要安排。但是尽管我写这本书不是为了作宣传或向社会提出抗议,我却没有隐瞒我对这类问题所持的人道主义观点。任何一位了解我的观点的读者都能清楚地看到,我从本书一开始就力图揭露殖民主义和类似的各种剥削的劣迹,批评种族主义思想,阐明异族社会的人民的制度,指出不论一个民族有多么小也应当受到尊重。我还指出我们认为极其自然和正确的西方行为方式,不过是建立在利己的或多少有些不合理的设想之上的。

在过去的二三十年里,几乎每个民族的社会生活和经济生活表面上都发生了许多变化,以致任何民族志的记述几年后就陈旧过时了。我在前文已指出,我在本书中列举的许多材料阐释了社会思想和行为的基本原则。因此我虽然在这本书的某些部分增添了若干小节来补充这篇导言,并在另几部分对文字作了些修改,但仍将正文保持原来的样子,因为那是人们基本态度的变化和制度的变化的历史例证,是“人文类型”恰当的说明。

我在文字上所作的一个重大修改,反映了我们在描述基本研究资料时通用的名称所发生的一个非常重要的变化,即我们对异族社会和文化进行大致分类时用的词汇发生了很大变化。这种对异族社会和文化的研究在人类学者的研究领域中占相当大的比重。

“原始的”、“野蛮的”、“土著的”这几个词，是与主要指西方及亚洲发达文化的“文明的”一词相对比而言的，在三十多年前还广泛流行，现在已不再适用了。这几个词不但已陈旧而且还令人感到屈辱。人类学者往往解释说，他们使用“原始的”一词，仅仅是指技术不发达，并不含社会、道德和宗教的不发达的意思。譬如说，“原始的”亲属制度往往非常复杂，比西方的要复杂得多；“原始的”宗教思想也往往相当复杂并有深刻的含义。然而这个词对不是人类学者的人来说，其含义往往是含混不清的。不论是在遥远的太平洋岛屿还是在非洲腹地，技术发展的速度很快，范围也很广，即使按人类学者的解释，用“原始的”一词也是不正确的。因此现在最好不用这个词。比“原始的”一词流行得更早的是“野蛮的”一词，其情况也相类似。以前，“野蛮”是与热带地区的裸体和草裙，以及以棍棒或长矛作武器相提并论的，野蛮行为的标志是暴力。暴力是受到外来威胁时作出的社会的抵抗或反应，是社会公认的形式。但是即使不提上次世界大战创巨痛深的经验，人们也能在西方国家见到许许多多恐怖行为、刑讯以及其他形式的政治暴力。因此把相对来说是爱好和平的非洲人或南海岛民的偶然行为称为“野蛮的”就是毫无意义的，甚至是虚伪的。所以人类学者一般已不再用“野蛮的”一词说明社会类型或文化类型。〔著名的法国人类学者克劳德·莱维-斯特劳斯使用这个词是个例外。他的书原名是 *La Pensée Sauvag*（野性的思想），英文译名为 *The Savage Mind*，体现了与这本书护封上所画的野紫罗兰（三色紫罗兰）有关的双关含义。那本书谈的并不是“野蛮人”（即与我们不同的人）的

思想，而是谈所有的人的思想中基本的、野性的、“野蛮的”成分，这些成分大多没有被察觉而存在于我们周围世界各种现象的底层。“野性的思想”如果是指未加控制的基本思想，那就等于是“野蛮的”意思。〕

“土著”一词较为中性。在英语中仍常使用它，只是指当地出生的人，意思是他们具有当地知识并与当地其他的人共有一种独特形式的文化。在某些情况下，这个词与“传统的”一词同义。人类学者在很长一段时间里就是从这个意义来使用这个词的。但是说某人是某地的土著和不指明地点而说某人是“土著”，二者是有区别的。后者主要是一个鉴别词，不仅指当地的知识和文化，还含有外来的观察者认为当地的知识和文化不高的意思。因此，特别是各地的殖民主义者说“一个土著”或“这个土著”时，这个词就成了贬词，甚至具有社会分层的含义。所以现在人类学界一般已不再使用它了。

在人类学者常用的词汇中，这几个描述性的词一个接一个地不再适于使用，这使人类学者多少有点为难。有一段时间在他们的大多数的研究题目中，他们曾试图用“前文字的”(pre-literate)这个词来说明没有文字的文化。但是由于教育发展了，尤其是近几十年世界上许多地方教育发展得特别迅速，这个词也就不合适了。他们又想用“非西方民族”来代替，但这个词只能从地理上而不能从文化上说明问题，因此不能表明人们行为的改变。不过这个词之所以遭到反对是因为它缺乏内容；用这种从反面说明的词来解释一系列社会和文化现象是不能令人满意的。于是他们要寻找从正面说明的、更具有地方色彩的描述性词语。在本书的这一版中，我已尽可能采用后一种词语。

对非人类学者来说，“尼格罗人”(Negro)这个词使用得更多，也更为人们所关注。这个词是从拉丁文转引来的，原意只是“黑色”。用它来指黑皮肤的人，主要是指撒哈拉以南的非洲居民和被运到美洲当奴隶的非洲人的后裔。尼格罗人是体质人类学的一个专门名词。尼格罗人以他们的肤色、发型和体格特征而具有明确的定义。现在这个词的使用已不限于非洲及与其直接相关的地区。类尼格罗人的特征已得到公认，例如巴布亚人有时被列在大洋洲的类尼格罗人之中。“尼格罗”一词作为按体质特征将人类分类时词，也许仍是有效的。但是由于这个词会引起人们不愉快的联想，特别是在西半球，所以社会上有些人非常强烈地反对使用它。于是在美国，以及美国以外的地方，“黑人”(Black)一词已广泛流行。这个词表现了一种自豪感——“黑是美丽的”这句话，或黑人诗人康梯·卡伦多年前写的一首诗《黑基督》就表明了这一点。“黑人”这个词还表现出对白人自命不凡的优越感和无上权力的直接挑战，如“黑人权力”运动。“黑人”一词是以直接的对比肯定自身而不像“尼格罗人”一词采用间接的对比。因此用“黑人”取代“尼格罗人”，是承认人们有权以他们认为最合适的名称来阐释自己的身份。(同样，许多新国家采用了与从前不相同的国名，这些国名的改变标志着他们国家的情况的改变，并往往与该国人民的传统环境有关：例如黄金海岸改名加纳，北罗得西亚改名赞比亚，锡兰改名斯里兰卡。)

然而，“黑人”主要是一个具有社会和政治意义的名词，严格地说来，它不是一个人种名词。例如在美国，有许多人是高加索人和

非洲人的后裔，却有相当白的肤色。如果他们自称“黑人”（许多人都愿这样称呼），就应将其理解为一种社会的和政治的声明，主要是出于对白人的反抗，出于对以前白人把这种混血人全都列为尼格罗人的反抗。并不是所有有非洲血统的美国人都同意一概用“黑人”这个词。如果他们愿意表示他们有非洲血统，他们喜欢用“非裔美国人”这个较中性的词。这种表明祖先来源于某个地区的提法，与其他地理名称相类似，例如美籍西班牙人、美籍日本人、美籍德意志人等等。为了遵从现代的时尚，我在适当的地方采用了上述用法。

我在这个版本中还作了另外一些修改。我保留了本书1956年版的大多数照片插图，但换了几张和讨论的某些论题直接有关的照片。我还删去了大部分较旧的参考书，另列了一个较短的现代出版物目录，这些书籍将使读者在更详细的说明和更深刻的理论高度上领会本书所作的分析。

由于公众对人类学的兴趣越来越大，由于人类学跟历史学和地理学一样在大学校园内外作为教育媒介物的作用越来越大，我希望本书的这一版继续帮助读者了解我们自己的及别的民族的社会的思想和行为方式。

第一章　种族特征和心理差别

英国人见面致意时互相握手；法国人高兴起来就拥抱和亲吻双颊；讲礼貌的奥国人用嘴唇接触女士的手背，表示敬意；波利尼西亚人用贴紧鼻子来相互致意。这种种不同的规矩礼貌，在使用的人看来，都是合适的，可是在不使用的人看来，却是有趣的或可笑的事。①

在印度的大部分地区和伊斯兰世界，妇女们把面部和身体全罩没遮住；欧洲妇女则只把身体用衣服遮住，却让面部露在外边。在非洲和南海的许多地方，妇女的乳部暴露在外，有些地方的妇女则简直是一丝不挂。虽然在我们看来，把面部罩住未免过分，一丝不挂有碍风化，可是他们却并没有为自己的风俗而觉得可耻。中国和爱斯基摩人的妇女都穿长裤，在欧洲人看来怪不顺眼的，但是欧洲妇女在从事体育运动或劳动时，也穿长裤，因为长裤毕竟比较方便（见“导言”）。

在基本的两性关系上，各地的差别，引起我们深深的感触。在西方文明中，一夫一妻是婚姻的理想方式，受到法律和教会的维护。在别的地方，多妻制却很通行；有些地方多妻制是宗教允许的，还有的地方用经济的原因或以保护儿童健康成长为理由为这种婚姻方式辩护，但是欧洲人却觉得它可厌，而且认为是不道德的。在欧洲，虽然道德礼法维护两性婚前的贞操，但实际上对男子就不太严格，近来连女子也不像以前那样受约束了。在太平洋和非洲许多地方，婚前男女间的性关系是一般青年人所免不了的。他们认为这样才能得到些经验，而我们却觉得在这种事上一知半解会铸成犯罪。

世界上各种宗教，尽管它们有很多相同之处，但在信仰和仪式上却存在很大的区别。哲学家和神学家可以在基本信仰上找到一致的地方，而普通的信徒却严守自己的禁忌，相信它们才是合理的、正确的。虔诚的伊斯兰教徒不吃猪肉，虔诚的印度教徒不吃牛肉；但是虔诚的基督教徒却两者都吃——也许星期五是例外。信仰印度教的地方，那些婆罗门教徒的牡牛饱食终日，摇摆过市，欧洲人见了，觉得这是宗教信仰所造成的浪费，不如让它在田里耕作，或是屠宰后做成牛排供人食用，有益得多。北印度那些正宗印度教团体，对有人提出在 1937 年英皇加冕时举行烤牛庆祝典礼提出抗议。在英国人看来未免可笑。一个吃惯牛肉并且信仰具有象征血肉交流的圣餐和献祭的宗教的人自然感到很难体会那种不用血供奉，以及崇拜圣畜的信仰的虔诚。另一方面，一个苛刻的印度教徒可能会说我们只崇拜一头金牛犊。*

在人们的生活方式上和思想上有这些根深蒂固的差别的原因是什么？是种族的遗传？是环境的陶冶？还是文化传统？这些差别的意义究竟是什么？在以下几章中，我将详细讨论这些问题。

---

* 金牛犊为希伯来人曾经崇拜过的偶像。拜金牛犊之事见于《旧约·出埃及记》第 32 章和《列王纪上》第 12 章，两处都指此事为严重叛教行为。此处似为嘲讽基督教徒的说法。——译者

作为一个人类学者，我将注重那些生活方式和西方文明不同的人民的习惯和风俗。我注重他们并不只是因为他们的生活方式在猎奇者看来比较新奇，也不只是因为这种知识对于在不发达国家工作的人大有裨益，而是因为对他们的生活方式进行研究能帮助我们明白自己的习惯和风俗。同时我也引用西方社会的例子，因为我们也研究西方的一些习俗。

我们碰着那些不易理解的生活方式和思想时，通常总是用种族不同来一语了之。我们在这里可以先看看种族这个观念在事实上表现出来的究竟是什么。

许多年前，我在美国南部的一个码头上登陆，想坐下来等一艘渡船。在我面前有一个很大的木头房子，漆得雪白，上面有一个大标志牌写着“白色候船室”，当时我对美国的生活方式还很不了解，一看到时我曾想，很明显的事（房子是白色的）还要写出来，未免幼稚。我拐到另一边，又见到一个标志牌，上面写着“有色候船室”。我是刚从新西兰来的，在那里毛利人和白种人坐在同一个候车室或同一节车厢里，在同一家饭馆里吃饭，所以我初次遇到这种“种族隔离”的做法深感莫名其妙。

下面一段话是我曾在1924年说过的，到了1938年我仍然可以这样写：“每个旅行者都知道，在美国南部这种反映社会不平等的态度甚至更坏。黑人只能乘一种叫‘吉姆·克劳’的黑人专车在州内旅行；为白种人开设的旅馆、饭店和游乐场所都拒绝黑人入内；当每个美国公民都享有公民权时，黑人却要通过考试才能有选举权，（至今）还有私刑——诸如此类都是否认黑人可以自由享受其他公民所享有的社会的和经济的机会。在南非联邦，种族隔离同样存在。法律规定非洲工人的工资比白人低；不许他们在技术工作上有竞争的机会；要在夜间旅行或在别地住宿必须忍辱取得'通行证'；在一些地方连居住的区域都被隔离。可以把这些情形和美国北部的黑人的地位对比一下。在美国北部没有南部那些对黑人的歧视的办法；在巴西或在法国，下议院里一个黑人当选了副议长，当他就任时，议员中的白种人一样向他欢呼。"

1942年，我住在美国首都华盛顿，在那里遇见了拉尔夫·本奇博士。我在伦敦和他有过短暂的接触。我遇见他时他是美国情报机关的一名小官员，很久以后他才在联合国飞黄腾达起来。有一次，我和本奇以及另一个人类学者一起在车站上的一家餐馆里用餐。据说全华盛顿只有在这家餐馆里，我们——一个黑人和两个白人——在一起吃饭才不受到干涉。在回去的路上，我问拉尔夫·本奇在华盛顿过得怎么样。他告诉我：他和他的全家不能到商业区去看电影；他妻子要想买衣服，只能到非商业区去购买；离他家不远的拐角处有一所学校，但他不得不用汽车把孩子送到离家很远的地方去上学，因为那所学校是白人孩子上的。有一次我到霍华德大学会，这是一所黑人大学，我想找那里的人类学者谈谈，特别想找富兰克林·弗雷泽，他是美国著名的研究黑人家庭的专家。有一个人类学者听说我是英国人，就向我讲起他最近在华盛顿的一条大街上和一个英国人的一番经历。那个英国人对我的这位黑人同行说："我们到酒吧间去喝一杯吧。"我的同行回答说："我不能进那里去。"那个英国人说："怎么回事？你当然能进去。"他不知道那地方在实行种族隔离。我的黑人同行向我谈起这件事时说得非常仔细，就好像在跟一个孩子说话似的。"你看，他不知

道我不能进那里去，但我知道我不能进去。”听了他的话，我除了感到羞愧以外，还感到我几乎置身于现实之外，我和他在谈论学术问题时还是同行，但突然之间，他却受到不公正的待遇。进酒吧间要过一道门，而有人却不可以进那道门——这不是身体的缘故，而是社会的缘故。因为他是黑人。我抬头望着美国国会大厦，心里想——这就是人们认为人人都是自由的美利坚合众国的首都。

大约二十年以后——到 1964 年前后——美国南部的黑人的地位起了根本的变化，就连华盛顿的黑人的地位也有了很大变化。如我在导言中指出的，在公开场合美国黑人在法律上和社会上受到的限制大多已被取消，但私下里仍存在不少歧视黑人的规定。

但在南非联邦，把白人同黑人隔离开和否认黑人有平等权利的种族歧视政策却更加严重了。最近，在 1974 年 7 月，班图行政部采取强制手段把 12,000 名巴佩迪部落民从他们 1905 年就买下并居住的地区赶出来，安置到政府划给非洲人居住的“家园”中去。[②]这只不过是种族隔离总计划中的一件事，这个总计划包括：使大约二百万黑人迁移（许多人是用武力强迫搬走的）；逐步禁止白人与黑人发生性的关系；不准黑人上白人读书的大学；全面限制班图民族在经济、社会、政治等各方面的发展。

为什么会发生这种否认美国黑人和非洲班图人的平等的权利的事呢？原因很多，但我们还是可以提出几个来讨论一下。其一是白人为得到“廉价”劳工，蓄意剥削黑人。[③]其二是不敢和黑人竞争，不论在直接的经济范围内，还是在较间接的社会特权和社会控制方面。还有一部分原因是那种与维持现有秩序的愿望相联系的保守性；白人控制黑人是一种防止种族动乱的方法，在动乱中双方均将蒙受损失。此外性的嫉妒也是原因之一，这可以从防止黑种男子和白种女子发生性关系上看到，尽管白种男子和黑种女子发生性关系被视而不见。白种人自处于监护人的地位，也是一个重要原因。在白人看来，这种支配者的地位（虽然主要是靠他们的物质的优势而获得的）增进了黑人的物质福利，提高了他们的道德水平、文化水平和精神文明。这些黑种人，不论他们如何要求有自治政府，要求有个人的意见，但是在白人看来，他们达到文明还要经过艰难的过程，所以他们还需要别人管理和指导。就是在他们已经完全可以和他们的老师同步发展的时候也是如此。

有时人们用某种理由来遮盖他们的真正用意，即心理学者所谓的文饰。1937 年 4 月，在坦噶尼喀地区开掘冲积金矿的欧洲人开会，会议通过一个决议，反对坦噶尼喀政府允许非洲人在某一地区有勘探权。他们说："一个土著人突然获得四十镑或五十镑的钱——这在他们是一笔相当大的钱财——会使他昏头昏脑，而当他很快把钱花光以后，他就要用非法的手段去获得金子。"他们认为这么多非洲采矿者会使那里的非法采金事件层出不穷；欧籍采矿者的金子会被窃，他们的生存会受到威胁。这种似乎是维持法律和秩序的所谓理由，虽然可能是坦白地陈述出来的，但是他们企图保持自己独占利益的真正意图却隐藏了起来，连欧洲人自己也不易看出来。

上述种种动机在程度上并不完全相等，也不是所有的白人都在同等程度上受它们的影响。譬如，在非洲传教的欧洲籍牧师并不是全体都认为他们将永远领导和管理本地基督教徒。有些人就认为非洲教会将来一定要由非洲人自己管理。

我们可以见到，在某些已提到的观点争执中，有时是白人想引导非洲人接受白人的行为方式，有时却又想尽方法阻碍非洲人向白人学习。讲到这里我们可以说种族不平等有积极的和消极的两种学说。积极的看法认为非洲人目前的生活是可以改善，可以有高级一些的生活方式。消极的看法认为非洲人不适于白人的生活方式，如果他们进入这种生活是会发生危险的。前一种看法常见于那些非洲人还保持着部落生活的地方，后一种看法则见于那些多少已经工业化、非洲人和白人已开始直接竞争的地方。在南非一类的地方，即使部分解决“土著人问题”的可能性也大部分不能实现，因为这些积极的和消极的不同见解互相抵消，使一切改良的努力无法进行。

既然我们所说的“种族差别”在决定各个民族间的关系中起如此重要的作用，我们必须仔细考察种族这个概念是什么意思。在普通人看来这是很简单的。他们知道他们能识别欧洲人或者和欧洲人同种的美洲人：皮肤是白的，头发是波浪形的，薄嘴唇，窄鼻子。尼格罗人的皮肤是黑的，头发卷曲，厚嘴唇，阔鼻子。东方人是黄色的皮肤，黑而直的头发，面孔扁平，有一种特别的眼睑。美洲的印第安人或澳洲土人也能从他们特殊的体质上被辨认出来。

人类学者大体上同意这样来区分各个种族。事实上，他们也时常根据皮肤的颜色来区分种族，如白种人、黑种人、黄种人。世界上现有各地人民的皮肤、头发和眼睛的颜色，头发的形式，血液反应，头部和躯体各部的大小和比例，及其他很多体质上的特质已有准确的记录。根据这些记录，大体上可以分为四个种族类型：高加索人种（欧洲人和其他地方的欧洲人后裔）、蒙古人种（亚洲人和美洲土著民）、尼格罗人种（非洲中部和南部的土著民）；澳大利亚人种（澳洲和太平洋西部的土著民）。但这些人种的地理分布很复杂，还有不少过渡性的人种类型。很多已绝灭的人类遗骨，也已经得到测量和检验，为人种分类提供了证据。

可以看到，人类学者研究人类的特征可以分为两大类。第一类包括如皮肤的颜色或头发的形状等。用这类特征可以相当清楚地把人类大体上分成几个大群体。例如欧洲人和尼格罗人。这些大的群体，体现了现存的某一类人的主要特征，可以称为人的种类。但是即使所有这些特征都被考虑到，人种间的界限依旧不易划分清楚，因为在极端型之间有很多只是程度上有差别的类型。

在一个大的人种之中，还可以分别成不同的亚群体，这些亚群体一般被称作种族，不过这个名词时常被人误用，因此可以用亚人种或种族群体取代它。要识别种族，我们还需要有另一套特征。其中身高和头颅指数——头颅的最大宽度与头颅最大长度的百分比——历来最为重要。可是在同一人种群体中个人间的差异很大。所以即使所有极合适的特征都考虑到了，人类学者也往往不能确切地决定某一个人或一副骨骼属于哪一个种族。严格说来，种族这个概念不应当用于区别某一个人，而只能用于区别某一群人。

而且，在为一个种族下定义时，一般都认为所提到的人体特征必须是在该人群中能遗传给下一代的特征。举一个最简单的例子来说，一个奥地利的滑雪家的皮肤被太阳晒得几乎成了黑色，并不能因此把他归入黑种人里；他晒出的黑色皮肤不会影响他将来出生的孩子的皮肤颜色。

对于头形作为种族标准的价值，有人认为从历史上看是有问题的。看来美国人类学家弗朗兹·博厄斯已经证明，移居美国的移民在美国生的小孩的头形和他们的欧洲父母的头形有明显的差别。据推测这是环境和社会条件改变造成的后果。但是，在对所根据的材料重新加以分析之后，他发现两代人所具有的差异并不足以证明他的结论。

人体上的这些特征如何一代一代地遗传下去？遗传的准确性如何？至今我们还不可能完全回答这些问题。研究这个题目有一个困难，就是人类不能像果蝇和老鼠那样，为了做实验可以用人工来繁殖。还有一个困难，是人类从幼年到生育年龄时间太长。但根据我们已有的研究，加上遗传学者的研究，说明我们所说的人类种族的差别是靠生殖细胞中的基因遗传的。基因在普通显微镜下是看不出来的，它们一双一双地出现在生殖细胞中，每一双遗传基因中有一个是从父体得来，另一个是从母体得来，我们用来作为区别种族的标志的任何一种人体特征，如头发的形态、鼻子的形状等，并不是单独由一个基因一次遗传的，而是由很多基因联合遗传的，因此使遗传问题更加复杂不易阐明。（但我们都知道血型是按简单的孟德尔定律遗传的。）而且，人体不同特征的基因是各自独立地遗传下来的，例如某种类型的头发不一定和某种类型的鼻子一起遗传。

我们迄今还没有把可以用来精确地区别种族的遗传条件分离出来。但镰状细胞特征好像是一种与种族有关的遗传条件。在被称为镰状细胞贫血症的情况下，人体内的有些红细胞呈不规则的弧形，状似镰刀。即使在没有贫血症的情况下，人体的红细胞通过特别的试验，也可以使它呈现弧形，称为镰状细胞特征。这种情况明显地见于尼格罗人或有尼格罗血统的人的身上。用苦味的苯基硫碳酰胺(PTC)检查出的味觉阀差异，也可以遗传，并随种族分布。

现存的人类都属于同一个动物种类，即智人。他们经过交配，可以繁殖。在有史以前和以后，人口移动的地域很广，各地人杂交的事经常发生。结果是在各地区人群之间没有了明显的区别。欧洲人大体上比黑种人皮肤较白，嘴唇较薄，鼻子较狭，但是在黑种人中也有比肤色最深的欧洲人白的(虽然比不上欧洲人中皮肤最白的人)。黑皮肤的人中有的人比白皮肤的人嘴唇薄，鼻子狭。从体高来看，矮小的霍屯督人中有些人比欧洲人中最矮的人高。这样，我们在这里所说的差别只是平均数，而不是绝对的差别。在测量某项特征时，虽然平均数不同，但是极端的类型会大体相同。一个种族的类型其实就是一组平均数的集合，是抽象观念，在一个种族的人群中实际上只有很少的个人符合标准类型。这些抽象观念是用来讨论种族群体之间的关系的。

如果我们要划分一个国家的人民，或划分有相同的历史传统的人民时，问题的复杂性立刻显示出来。我们可以把第二次世界大战前在欧洲争论得最激烈的关于北欧人和犹太人的问题来作例说明。

一般认为瑞典人是欧洲人中北欧人种最多的人民。然而在1897—1898年雷齐乌斯和菲尔斯特测量过的45,000个二十一岁的应征入伍士兵中，只有11%是“纯粹”的北欧人种，即有长形头、高身材、金色的头发和淡色的眼睛等特征。瑞典各省中纯北欧人种成分最高的是达尔斯兰德，占 18.3%。若把具有同样的头发、眼睛颜色、身高和中等宽度的头形的人算在内，瑞典全国也只有29%的人属于纯北欧人种，最多的省份是黑耶达伦省，占 41.4%。这些入伍壮丁的身高本来就比平均数高，所以上述比例数可以说明全体瑞典人中北欧人所占的成分。三十年之后，在伦德伯格和林德尔斯的指导下，又对瑞典 47,000 名入伍的壮丁进行同样的测量。以他们的眼珠颜色来说，有 87%的人是淡色的，8%是混合色的，5%是棕色的。但是从头发的颜色来说，仅只有 7%的人是亚麻色的，63%是淡棕色的，25%是半棕色的，2%是棕黑色的，3%是红色的。从头形来说，只有 30%的人是长形头，56%是中形头，14%是宽形头。他们发现头发和眼睛密切相联，但它们与身高或头形却没有什么联系。因此只能说瑞典人是一种"相对意义上的"北欧人种，而且其中相当一部分人连这一点都说不上。

德国人比瑞典人离北欧人种还远。他们中间有很多不同的身体类型。在西北部有很多人有长形头、高身材、棕色的头发、蓝色或淡蓝色眼睛——他们是北欧人种。但是就在这地方以及其他地方有很多人就不是这个样子。尤其是在南部和东部有很多人是宽形头、棕色头发、棕色眼睛和矮身材。他们被归入阿尔卑斯人种（欧洲三大人种之一）。北欧人种和阿尔卑斯人种之间的中间类型很多，例如具有阿尔卑斯人种的宽形头和北欧人种的长脸形的人。这些中间类型的人种加上阿尔卑斯人种，人数超过"纯粹的"北欧人种。

犹太人如何呢？很多人以为犹太人是一个种族群体，可以从体形上鉴别出来。但调查研究的结果说明，从体形来鉴别并不总是可能做到的。实际上，每一个文明国家中，现在都有它本国类型的犹太人，这些人同其他国家的犹太人在体形特征上差别很大。犹太人中一个重要的社会性差别是看他们属于德系犹太人还是属于西班牙系犹太人。这种重要的差别是宗教习惯的差别。前者除在以色列以外，多生活在欧洲北部和美国，后者多生活在意大利、西班牙、葡萄牙、北非。根据菲什伯格的调查，北欧的犹太人有30%是白肤、黄发、碧眼，有50%的人眼睛的颜色较淡，总的说他们都是宽形头。南欧的犹太人是黑发、棕眼和长形头的。从这些方面来看，犹太人并没有表现出属于同一种族，而是和那些与他们共同生活在一起的人的身体特征更相近。

欧洲以外的犹太人体质上的变异更大。有柏柏尔犹太人、黑皮肤的印度犹太人、中国犹太人和在埃塞俄比亚的被称作法拉沙的犹太人。这些犹太人都和所在地的人民很相像。这或是由于通婚原因，或是由于他们自我选择的结果。头颅指数是种族的重要指数。高加索犹太人的头颅指数是86.3，他们的头是很宽的，而阿拉伯半岛也门的犹太人的头颅指数却只有74.3，北非姆扎布犹太人只有72.9，那就是说，他们的头是很长的。

所有这些都说明犹太人并没有一个一致的体型。在有些国家，犹太人确实有一些相关的体型特征使人们认为是犹太人所特有的，而且事实上确实由此辨认出当地的某些犹太人。但是如果说犹太人都能从这些体型特征辨认出来，则是一种褊狭的错误的见解。持有这种看法的人如果去旅行，并且严肃地去考察，他将很快纠正这种错误见解。比如他将发现他常常会把近东的亚美尼亚种人认作是犹太人；又如从鼻形上看，他会分不清新几内亚南部黑皮肤的巴布亚人和犹太人，有的观察者说巴布亚人的外貌是闪米特型的。

犹太人若不是一个种族，那么是什么呢？他们是一个具有共同宗教和共同传统的文化群体；在某种程度上，还有共同的愿望和生活方式。社会和经济的环境又常迫使他们住在城市特定的区域里，主要在自己人中通婚和从事一定的职业（如经商）。这些情况使人们一直把他们看作一个种族，虽然事实上他们根本不是一个种族。

从这一讨论中得出一个重要的结论，就是种族和民族一定要清楚地加以划分。一个种族是一群有某些能遗传的体格特征的人民；一个民族是一群有相同的社会特征的人民。历史上人们曾说祖鲁人是一个民族，而从他们的肤色、头形及面形上看，他们也是一个种族集团。德意志人是一个民族，因为他们有政治上的团结力，有共同的经济和社会生活，有共同的法律体系等等。从体格来看，他们不是一个同类的种族，因为他们在体格特征上表现出很大的差异。在其他的欧洲国家也一样。如“不列颠种族”一类的名词从科学观点上来说是完全错误的。如果我们质问使用这些名词的人，就可能发现他对他所使用的名词的意义是很模糊的，他能为自己辩护的理由只有两条：一、语言一致；二、政治上统一。如果他以为不列颠群岛上的居民只有一种体型，那就大错特错了。

这个例子提出了语言的问题。人种的分类和语言的分类不应混淆。在英国有三种通行的语言：威尔士语、盖尔语和英语，但我们不能把使用这三种语言的人简单地分为三种体型。希特勒德国常用的“雅利安”一词，科学家只把它作为一种语言的类型。究竟古代用雅利安语的人是哪一个种族，我们还没有确定。但是我们可以确切地说，那些自认为是雅利安体型的欧洲人，他们用的这个词在观念上是和科学家的观念完全不同的；他们用这个词是出于他们的愿望，而不是阐明事实。

这里我们又遇到一个问题，就是纯粹的人类种族是否存在？即使在一个社区，那里的人有很多代不和外人通婚，在对他们的体型进行测量时，仍会发现各个人之间的差别是很大的。现在各地的人从种族的观点来看，没有不是极混杂的，遗留下来的骸骨也证明这种混杂的现象并不限于近代，而是在两千年前，也可能在六千年前就大致如此。我们没有关于古代的人的直接的证据，证明他们的体型变异比现代人小。因此，去讨论若干假定的纯种如何混合是没有多大意义的，因为我们没有人类中曾有“纯”种存在的直接证据。所以如果现代欧洲某部分人自称是纯粹的人种，那是荒谬可笑的。

有史以来，以及史前几万年中，欧洲曾是亚洲人和非洲人入侵的地方；不同的集团在那里相遇相混，结果使种族极为混杂。不同的遗传基因（生殖细胞中的化学物质的组合，被认为是决定人类体型的东西）曾经会合和重分，结合和再结合，从恺撒大帝时代到现在已有七十代到一百多代。因此，现代黄头发蓝眼睛的人已经不可能是恺撒时的高卢人传下来的后裔，而且即使在当时的高卢人中也很可能有黑头发棕色眼睛的人。纯粹种族这个概念只是政治性的宣传，不是关于现今人类集团科学性的说明。

在这里我们有必要把两种关于种族的概念加以区分，一种是广泛地描述现代人类体型差别的种族概念，一种是用来说明过去这些体型差别的来源的种族概念。我们认为今天世界上没有纯粹的种族。但是时常有人设想古代有纯粹的种族,后来经过混合,产生现在的混血人种。就是根据这种不准确的想法,人们把欧洲人分为三个主要的种群:北欧人、阿尔卑斯人和地中海人。例如在欧洲,高地苏格兰人、西班牙人、挪威人和法国人有时被分别称作种族,现在看来,这些都表明种族类型的多样性。骨骼残骸表明,这种多样性可以追溯到历史上很早的年代;而且由于这些骸骨的数量不足或没有完全摆脱变异的影响,我们也无法认为找到了最初的种族类型。在非洲也是这样。通常把非洲人分为含米特和尼格罗两大种群,前者在北非,后者在南非。(一般使用的与“含米特”和“尼格罗”相当的“尼罗”和“班图”,主要是语言学名称。)但是事实上,尼格罗人都混有一些含米特种人的特性,而含米特人本身也不是一个纯种。实际上我们是以假设的“原始”人种来解释现在的人种变异,而“原始”人种的设想主要是我们根据“现在”人类中身体各部分的差别分类的。这种分类常常是根据现有各人种的外表,实际上忽视了骸骨的直接证据。强调这一点是重要的,因为很多人不是生物学者或人类学者,他们常把这些没有证实的概念视作已经确立的结论。当我们说到人类的不同种族时,我们只是指笼统的分类、因袭的分类,并没有坚实的基础。我们对于种族的原始状态知道得很少,更不知道种族混合的未来结果如何。我们不能像生物学者那样根据大量实验,用类型绝缘法和类型杂交的结果把动植物进行分类,不能像他们那样仔细研究产生差异的遗传因素。

到这里我们可以谈谈似乎明显地建立在生物学基础上的地理

环境和体型的关系问题。但是不应过分强调这种关系，或者过于拘泥于两者的因果关系。

皮肤色素最深的种族一般居住在炎热的热带或亚热带地区。这些地方太阳的光化射线最强。皮肤中的色素可以抵抗这种射线的渗透。但这种说法只在欧亚洲和非洲是正确的，还有许多例外的情况存在。在美洲，至少在白人占领之前就没有这种相关性。鼻孔的大小在各种族中差别很大，有人认为这是和各地地球表面的湿度有某种联系。尼格罗人的张开的鼻孔和北欧人的窄小的鼻孔或许是两个极端。如果说冷空气经过鼻孔黏膜温暖后再进入肺对人体呼吸有益，那么北欧人狭小的鼻孔可以说是最能表现体型与环境的关系的。正如生活在北极冰雪地带的动物，有粗厚的毛皮来保护它们一样。人类对于环境的这种适应可以说是必然有的。但是要事实来证明这些体形上的特征是由环境来决定的，则又是一回事。因为目前我们只能说有相关性，还不能说有因果性。

我们已看到如果要科学地使用“种族”一词，即努力做到准确、精确，那它就不允许我们对人作简单的分类。但是在通俗的讨论中，“种族”一词却用得很广，很笼统，好像使用这个词是简单的事。而且，种族这个概念有强大的社会作用，有各种偏见联系到它，使它成为歧视某些人类群体的政治活动的基础。人们常常认为，被歧视的群体有特殊的心理，不能对推进文明作出贡献；认为他们的心理和他们的体形特征是不可分地关联着的，以致别的种族和他们相混就要受到损害。例如在德国的犹太人，或是在美国及南非的黑人，就受到这种歧视。

为了分清在政治上处于支配地位的群体和受歧视的群体（前

者把后者看作替罪羊或一种威胁)之间的界限,鼓吹上述种族歧视之说的人们采用奇怪的伪科学的种族分类法。他们把一切具有他们所认为的犹太人或尼格罗人的外部特征的人都归入犹太人或尼格罗人,而且包括那些祖先中可能有尼格罗人或犹太人的人们。事实上,对祖先的追溯是很有限的,带有随意性。在德国,一般只能在常识的范围内追溯。如果某个人被查出有犹太人或黑人的祖先,为达到实际目的,这个人就被算作犹太人或尼格罗人了。我们一定得特别加以说明,这种分类方法是极不科学的。从生物学的观点上说——"种族"一词要作为一个准确的术语只能从生物学的观点上来说——这里所说的人在肉体和精神的构成上受到千万个祖先的影响,不能用这样简单的方法来决定他所属的种族。没有人可以预知一个有犹太或尼格罗祖母的人智力如何,创造力及领导能力如何,或他对他所在的社会的社会生活能作出多少贡献。

种族间的敌对实际上是社会的敌对,和国家之间或其他社会群体之间的冲突在性质上是相同的。这并不是出于种族间在能力或智力上有什么不能调和的地方,而是出于经济及社会利益的冲突。皮肤颜色以及其他身体上的差别,并不是敌对的真正根据;这些不过是为了敌对任意使用的标记罢了。正如迈克尔·班通在他的著作中指出的,[4]从上述观点来看,可以说"种族"一词用于社会分类和体型分类,这两种分类有一部分是相同的,但他们所依据的是不同的标准,所以绝不能完全等同。

在英国,种族关系问题在社会方面的表现很明显。英国人对非白种人的反感由来已久,[5]但直到最近这种反感只是偶尔引起公众的注意。近几年来随着"有色人种"的人在英国日益增多,英国的就业、住房和教育等方面的困难也随之发生，各有关方面对此都深有体会。所谓的种族差别使这些问题变得更加尖锐。实际上种族差别只是文化差别，因为多数移民都想保持某些他们原来社会的家庭生活方式、饮食习俗、社会和宗教形态，这是可以理解的。情况十分复杂的原因在于涉及不同的文化群体，它们来自西印度群岛，来自亚洲和非洲不同地区，主要来自英联邦国家和地区。各个文化群体都面临一些特殊的问题。如锡克人想保留缠头巾的习俗，但英国社会的规定却要求戴制服帽、安全帽或其他看来与头巾不相干的头饰。每个移民群体中的任何人都会蒙受一些英国人出于无知和偏见而表现出的种族歧视。这基本上是因为他的肤色使人们认为他来自复杂的社会环境。在英国，尽管令人遗憾地存在某些人对有色人种的偏见和歧视，但公开实行“种族隔离”的限制制度，却并非官方和多数人的意见。

让我们再进一步考查一下“种族隔离”的情况。如果黑色皮肤的人和他们的后代在气魄和能力上确实和白色皮肤的人根本不同，那么我们在世界上任何地方都会见到这种种族隔离状况。事实并非如此。在南非联邦和过去的美国南部种族隔离实行得特别严格，但是在美国的北部和非洲殖民地的许多地方就不那么厉害。据报道，在安哥拉一个欧洲籍的政府官员可以和非洲女子结婚，他的家庭同样受到尊重，享有很高的社会地位。

实行种族隔离是为了保障既得利益。凡是在人们认为利益不受威胁的地方，凡是在以往历史上的种族关系促进了种族合作的地方，凡是黑人与白人相比较人口很少的地方，凡是真诚地推行社会平等并放弃以剥削别人来获利的地方，种族隔离不是很松，就是从来没有过。

在不同的社会里情况是不相同的。在新西兰，毛利人中有很多人有欧洲人的血统，他们和欧洲人处于平等的地位。在大约三百万的总人口中他们约占二十五万(1972年)。他们之中很多人是务农的，住在同一个村子里，或散居在白人农民之间；还有一些人在城里从事工商业及其他职业。他们选举自己的议员参加新西兰的议会，在比例上大致和欧洲人的代表相等。他们的领导人不仅仅为自己的人民服务，而且为整个自治领服务。有一个毛利族医生曾被任命为自治领的卫生部长，负责欧洲人和毛利人的卫生事务。在社会交往上没有歧视的情形：白人和毛利人一同出入旅馆、饭店、跑马场、俱乐部、学校及足球队。欧洲人与某些地方的毛利人之间的战事已有将近一百年没有发生了。现在欧洲人对毛利人，对他们过去的成就，甚至对他们反抗白人的战斗，都真诚地钦佩。当然这并不是说所有新西兰的白种人都能明智地懂得毛利人的需要和他们的生活方式；隔膜和种族偏见还是存在的，而对毛利人的赞美有时只是对他的光明正大的品德的尊敬。但是，总的说来，他们的关系已经调整到使双方能有效地合作。

毛利人在新西兰所处的社会地位使杂婚所生的儿女大都保持并特别注重他们和毛利族的关系，并不想完全成为欧洲人，虽然在法律上这是完全可以的，而且在社会上也有过先例。

夏威夷一般被称为“太平洋上的熔炉”，在那里种族混杂得令人难以分辨。夏威夷本地人、美国人、中国人、日本人、葡萄牙人、菲律宾人等都互相通婚，他们的后裔又互相通婚，产生多种不同的体型。在那里没有种族不平等的学说，也没有反对种族间通婚的舆论。冲突有时是难免的，如美国人和日本人之间的纠纷，如个人或家庭对婚姻的不同意见。但是总的来说没有普遍的真正的对抗。这种情况被认为是出于下列各种历史原因：混合通婚初期这里没有白种妇女；夏威夷本地人奉行婚姻自由，他们在性情、智力和体型上能与外来人兼容并存；早期传教士是从美国北部新英格兰来的，而不是从美国南部来的；没有一个特别占优势的种族，等等。所以，虽然外来的各族移民自己都有很强的传统规范，这种规范对他们后裔的行为还有相当大的影响，但是真正的种族隔离却始终没有出现过，社会交往是很自由的——尽管被视作"夏威夷本地人"和现在基本上还是玻利尼西亚人后裔的群体，在经济上大体仍处于受压抑的地位。

这两个例子说明不同的种族共处一地，互相杂居，并不一定发生冲突；凡是发生冲突的地方，冲突的原因都在于社会的差别，而不在于上述的体型不同。

现在我们可以谈谈混血儿的地位。俗话说，"混血儿只得了爹娘的恶习，得不着任何一方的美德。"就算情况是这样的——有时也确有这种情况——但这并不主要由于他是混血儿，而是混血儿在其中成长的社会环境所造成的。没有正当的教育，没有稳固的社会地位，不能与父亲或母亲同种族的人自由往来，不容易找到配偶，这些都会损伤他们的自信心和自尊心，使他们不能过安定的社会生活。责备混血儿性情反复无常的社会偏见正是造成这种性情的原因。

所有这些有色人种的问题和混血儿的问题并没有特效的解决办法。智慧和善意是解决问题不可少的。智慧用来分析造成这些问题的社会原因，从而使善意得以实现。

凡是种族差别在社会上被重视的地方，凡是用伪遗传学来鉴别种族的地方，自然就有人设法逃避鉴别。在美国有很多黑白混血儿外表很像欧洲人。过去，有些这样的人利用外表冒充白人。“冒充白人”是黑人中公认的做法，就是那些因皮肤太黑自己不能“冒充”的人也尽量帮助他们有幸能冒充的兄弟摆脱原籍。若是一家的两个人中一个“冒充”上了白人，另一个冒充不上，两人在公共场所见面时，没有“冒充”的一个就装着不认识另一个。南非也有同样的情况。一个“冒充”白人的混血儿可以在街上不和他的兄弟打招呼。[6]这种行为并不会引起对方生气，他们公认家庭关系在这种场合下不如维持“冒充”的欧洲人的身份重要。这种情况在一个英国读者听来似乎可笑。这固然是人间悲剧，但是为了躲避激烈的、愚蠢的种族偏见和建筑在这种偏见之上的社会壁垒，这是一个认真的，而且必须说是有道理的办法。

种族隔离实质上是文化的冲突而不是种族的冲突，著名的美国黑人作家詹姆斯·韦尔登·约翰逊在他的评论中所揭露的事也证明这一点。他是以他的尼格罗人世系自豪的，他不能泰然地接受由此所受到的种种歧视，但是当他在美国南部旅行时，曾两次遇到留难，幸亏人家把他当作南美洲人才使他摆脱困境。问题不只在于皮肤颜色，而且在于皮肤颜色处在一种特殊的环境中。正如约翰逊辛辣地指出的，“在这些为难的情形中，任何黑人都能过得去，只要他不是美国的公民。”[7]

我们已经说明种族这个概念只是指人类体型的大体上的差别。现在要提出另一个问题，就是这种差别有多少是可以在心理上看出来的？世界各地的人民行为不同是否由于他们的心理本质有差别？

要回答这个问题，首先要做的实验是测量各种体型的人的大脑容积。简单的办法是把头颅骨中装满小粒种子或别种容易计量的东西，或是接头颅骨的内部做一模型，进行测量。大猩猩、史前人和现代人大脑容积的比例早已有了研究结果。埃利奥特·史密斯等人能指出上述各类大脑的容积，它们的发展关联到人类的进化。但是以现有的各人种类型来说，大脑容积的大小看来并不能作为衡量智力的根据。大脑重量的研究也没有获得确定的结果。戈登和文特的研究在东非很受人们注意，他们企图说明非洲人的大脑在容量、类型及生长率上和欧洲人的大脑有差别。戈登根据头骨的测量，说欧洲人的大脑从十岁到二十岁的平均增长率比相同年龄的非洲人大一倍。文特发现非洲人的大脑平均重量比欧洲男子成人的大脑轻10.6%，他还发现非洲人的脑皮质细胞的数量比欧洲人少15%，脑皮质细胞的大小、形式和排列都不及欧洲人。这些研究从解剖学的观点来看是有趣的，并且可以提出确凿的差别来。但是戈登不满足于这些结论，他认为如果东非人的大脑普遍这样不好，则欧洲式的教育方法对非洲人不会达到预期的成效。有许多反对戈登和文特的工作的技术性的意见，这里姑且不说，人们也可以怀疑他们在心理学方面的结论的价值。大脑容积和智力的关系还没有得到可靠的证明，更不可能进而把脑的差别联系到教育的可能性。我们现有的知识还不能把解剖学、心理学、文化这三方面适当地联系起来。

在研究种族差别时，把解剖学和心理学联系在一起考察可能

更有成效，即不但考察大脑的容量和重量，而且研究大脑组织的敏感性。但是解剖学者在这个问题上是十分谨慎的。例如J.谢尔希尔仔细研究了44个澳洲土著居民的大脑，指出这些大脑有些地方好像是没有达到欧洲人的大脑发育的那种程度；他还指出澳洲土人发育最好的大脑如与一个发育最好的中国人的大脑相比较，就像是畸形和发育不全。他的结论大体上和卡珀斯及坎宁安的结论一致。但是他指出，问题的关键在于我们能不能在发育最完全的澳洲人的大脑和发育最不完全的中国人的大脑之间发现明确的差别。他说得很清楚，根据他的研究这个问题还没有得到答案。他又注意到在很多研究大脑的著作中，“结构原始”和“智力低下”这两个词被当作同义词使用。但是谢尔希尔强调指出，大脑结构原始是指在大脑的进化过程中还遗留一些没有特化的部分。这种大脑类型比起特化程度更高的（因此被认为是“优越的”）的类型来，进化的可能性更大。在评论文特的研究时，戈登强调下列事实：在非洲人的大脑的灰色物质中发现有大量没有分化的细胞。他觉得这是大脑发育不足的一种标志。但谢尔希尔认为这很可能是发展的潜力，非洲人总有一天会超过大脑灰色物质特化较多的欧洲人所达到的高度！

对不同种族的大脑的研究实际上不能说明他们的智力。我们能不能从心理学寻求帮助？已经作过大量的关于心理特性的测验，如关于感觉的敏锐性，疲劳的易感性，记忆及联想等高级的思维过程，以及那个一般性的但又难以捉摸的心理特性，即所谓“智力”等项目。

伍德沃思曾广泛地进行过很困难的配色能力测验。他说，全世界的人对颜色的感觉可能都是一样的——尽管在不同的文化中对色感的分类有很大的差别。别的感觉也是如此。在文明人和未开化的人之间并没有什么显著的差别。很多人坚信澳洲或非洲的狩猎土人远距离辨别目标和声音的能力比白种人优越。但是测验之后看出，他们具有这种优越并不是由于官能较强，而是他们能注意到白人经常忽视的地方——换句话说，是由于他们从小就通过训练学会了注意使用熟悉的线索来辨别目标和声音。嗅觉的灵敏性也是如此。虽然对触觉还没有充分的研究，看来也没有很大差别。有些研究者发现未开化的人疼痛的感觉程度比文化人低，就是说，前者在一种仪器的压力下能忍受长久一些才感觉痛。但是，研究者们指出，这种结果可能是因为白人在刚觉有一点痛时就嚷了，而土人却到真正感觉到痛的时候才嚷。这再一次说明，社会因素和心理因素是很难分清的，也就是说，很难确切地说明所测验的真正是心理过程，而不只是人们学来的行为方式。

人们为了测验不同种族群体的智力水平并加以比较，曾做过大量的实验。困难在于理解什么是智力。许多美国科学家认为没有一种心理状况是可以称作智力的，而只有若干种专门的能力。有些英国学者，尤其是斯皮尔曼，却认为有一种普遍的心理状况可以称作智力。概括地说，智力可以指学习的能力和把学到的东西在新情况下运用的能力。为了比较不同种族的智力，必须在各个种族中对许多人进行研究，而且重要的是对各种族的人的测验一定要在他们熟悉的情境中举行，使他们不致因生活方式不同而发生困难。

为了对智力进行比较测验，人们想了很多方法。大体上可分成两大类——一类是用语言，一类是不用语言。第一类测验中最重要的是特曼等人标准化了的比奈-西蒙测验。这种测验包括各种常识性的问题，尽量不包括正规教育的内容，并尽量减少环境不同这个因素的影响。如果一个儿童能回答一组平均年龄比他高的儿童回答的问题，就说他的“智力年龄”比实际年龄为高；如果连自己年龄组的问题都回答不出，则他的“智力年龄”比实际年龄为低。在白种人、中国人、日本人、墨西哥人、美洲印第安人、美国南部及北部的黑种人中曾进行过多次这种测验。结果是，白种人智力最高，中国人和日本人次之，其他则更落后。这能说是比较智力的正确指数吗？我们有很多理由可以认为不是。且不论很难确知这些不同种族的人驾御语言的能力是否相同，不同类型教育的影响则可能没有完全排除。而且，这些不同种族的人生活在其中的不同社会环境可能使测验难以作出公平的比较。再说，我们单根据这些平均数也不能说明所有美国南部的黑人或美洲的印第安人都比白种人的智力低。在前面提到的各种族人中有一些人在智力上所得的分和很多白种人一样高——甚至比白种人的平均数高。

美国实验心理学教授加思把很多这类测验的结果加以分析，得出的结论是：“直到现在所找到的关于种族在智力上的差别都很容易用环境因素和选择的影响来解释”；在这些测验中表现智力较低的种族都是从来没有受过正当的教育的，而且在某种程度上他们得低分是由于他们对周围欧洲式生活反感。他说，这种反感并不一定是低能的表现，很可能是相反。最后他说：“对我们来说，如果由于我们认为这些种族智力低下而采取某种措施剥夺他们应享有的自由和充分发展的权利，我们就必须把这种事看作使种族偏见合理化的做法。这种态度对一个明智的民族来说是不可宽恕的。”

在目前我们对于不同种族和民族的比较心理过程知之不多的情况下，这是个很可取的工作原则。但是，也许将来有更精确的分析可以证明各种族心理上的差别确实存在。现在没有任何毫无疑问的证据可以说明各种族间的智力是不相等的，但也没有证据可以肯定说他们是完全相同的。

第二类测验是不用语言的。这种方法在某种程度上可以避免被测试者未受过同等教育的困难。因为测验不用文字和语言，所以不识字的和说不同语言的人们的举止可以互相比较。这些测验也可以称为“表演测验”。最有名的例子有：在木板上雕出不同样式的空隙，另外用木片制成这些样式的小块，要被测验的人将这些小块一一填入相应的空隙中去（戈达德-西尔维斯特型板）；被测验者模仿测验者的动作轻敲一排木块（诺克斯立方体测验）；记住一系列图画的次序（奥利弗测验）；用铅笔画出一条通过迷宫的路线（波蒂厄斯迷宫测验）。

这些测验的某些结果证明，班图族小学生比在非洲的白种人小学生在智力年龄上低四到五年。但这并不是明显的天赋差别。S. 比谢弗尔曾表明，诸如木块、拼板玩具、图画书等测验用品，对许多班图族学生来说不是那么熟悉，他们的家庭生活同其他文化相比也显得比较贫乏。他们在测验中智力表现较低，原因在于他们缺乏这方面的生活内容。纳瓦霍族孩子的平均智力在测验中也表现得比白种人孩子低得多，但是在纳瓦霍孩子之中智力还有很大差别，这似乎和受学校教育的多少有关系。用过笔和玩过玩具，并曾在像测验那样的情境中受过学校教育的孩子，比那些从小只知道在地里牧羊的孩子智力显然要高些。此外，在不用语言的测验中，受教育较少的孩子的成绩并不总是低。有一个人类学家（劳拉·汤普森）和一个内科医生（艾丽斯·约瑟夫）一起研究，他们发现霍皮族孩子的智商显著高于白种孩子（霍皮族孩子的平均智商110或更高）。这些霍皮族孩子观察力很强，智力均衡，并善于思考复杂的和抽象的问题。

从这些表演测验中可以看到一个问题，语言上的差别或读写教育上的差别并不是智力测验的唯一障碍，被测验者从小熟悉的社会生活的差别是非常重要、不能忽视的。我们不仅要考虑到被测验者是否常见照片，会不会用铅笔和纸，而且要考虑他们有没有尽快把一件事做完的习惯。测验时的环境本身也要考虑，小学生对此是司空见惯的，但从未上过学的孩子就没有这样的经验。

要测验不同种族的智力似乎还必须有一套不用图画、不用文字、不用几何图形的测验，要测验人们在日常生活中，或在他们平时经历的环境中处理事情的能力。

近年来设计出的各种投射测验提出不同文化群体的人在智力上存在的一些有趣的差异。这些测验经得起极仔细的分析，但是若用于跨文化研究，它们还处于初步试验阶段。就目前已经进行的测验来看，这种测验很有助于说明文化群体内个人之间存在的差异，而且表明不同的文化群体在性格结构上有质的差别，但是它们并没有证明智力水平的高低。

在这里我们可以对以前提出的各种族在智力和心理过程上存在差别的问题作出某种回答了。大量的心理调查研究结果表明，单凭测验来看，各种族的智力是不相同的。按照这些试验，有些非洲人和美洲印第安人必然处于比西方各国人民低的水平上。但是，根据上述种种理由，这些测验是不能作为结论的。首先，虽然各种族群体的平均数不同，但在每一个群体中，即使是在最原始的群体中，常出现一些人，他们的智力和其他能力很高，高于文明人的平均智力和能力。其次，这些测验是复杂的，因为无论在哪种情况下，测验所得到的结果在很大程度上取决于被测者生活在其中的社会。思想方式、记忆功能和计划的能力，不是在真空中存在的，它们都产生在思想的框架里和实际的情境中，这些在各种社会中是不相同的。再次，即使这些测验从表面上看可以被承认，它们也不能使我们把智力上的差别同皮肤和眼睛的颜色、头颅的形状等差别以及个人的遗传差别明确地联系起来。确切地说，这只是说明种族在智力上的差别而已。

如果在测验中早期教育及社会环境的差别（文化差别）的影响能排除，不同种族的头脑的素质和功能能测定，那还要回答一个问题，就是这些结果是表明性质上的差别，还是数量上的差别。在性质差别方面，各种族在诸如音乐能力等方面可能是不相同的。这个问题至今还没有详细研究过。在数量差别方面，还必须清楚地表明，社会对心理活动的影响能够从测验中除去。虽然现在试验的材料还很少，但是根据对相似的形状作比较那样简单的测验，我们似乎已经可以说，不同种族的心理活动是相同的。

卢西恩·莱维-布吕尔等人提出了一个问题：生活简单的游牧民或猎民理解事物的方式是否和西方从事工业的人相同？是否使用相同的推理过程？他们都认为，不同的文化前提会导致不同的逻辑推理结构和结论。有些研究者还认为，在不同的社会中，对物和事的理解是有差别的。但是，心理学者的测验和人类学者的经验表明，即使存在差别，也是性质上的（使用不同的框架对感觉材料进行选择和分类），而不是数量上的（有多大的感觉能力或对感觉材料的组织能力）。此外，那种被莱维-布吕尔称为与自然“神秘地融合”的人对外界的非理性态度，并不像他所认为的那样，是“原始”民族心理活动的特征，而是任何地方任何社会的人们都有的某种思想特征。使用工艺简单的工具的民族，如亚马逊的猎人或太平洋诸岛的渔民，虽然他们分析和表达自己感受的方式与从事工业的人不同，但他们的才智并不比后者差，他们与本社会的人或与外界社会交往的能力也不逊色。

综观在这个问题上所做的全部工作，我们可以很清楚地看到：在科学家关于种族心理的谨慎小心的意见和许多普通人对异族人民一知半解的武断看法之间，横着一条鸿沟。说“野蛮人”在智力上不及我们，或是说他们只具有儿童的智力，只能表明说这种话的人的无知与偏见。因此，就我们现有的知识来说，断言某个种族群体，如澳洲土著人或南部非洲的班图人的天资低，没有受教育的资格或不能达到我们已达到的文化水平，是荒谬可笑的。

这当然不是说希望技术或经济发展水平低的民族立刻能适应我们认为有益于他们的任何形式的文化。正因为心理活动和社会生活关系密切，每个“种族”群体都具有自己特有的“思维内容”。作为一个实际问题，这种特殊性是必须考虑到的。如“同化”、“吸收”、“教育土人达到白人标准”、“提高技术简单的社会的文化水平”等口号是把问题看得太简单了。不要以为适应是一个轻而易举的过程,只要愿意就可以适应;也不要以为我们对于比较心理学已经懂得很多,不需要进一步研究就可以有把握地制定关于这个问题的方针。

注　释

① 在世界各地这种致意的方式多种多样,是交际礼节的组成部分,并有重要的社会寓意。(见 Raymond Firth,'Verbal and Bodily Rituals of Greeting and Parting', in *The Interpretation of Ritual*, ed. J. S. La Fontaine, London, Tavistock, 1972,1—38.)

② *The Times*, 2 July 1974.

③ 以下是从南罗得西亚议会的一个前议员给《英国皇家非洲学会会刊》(*Journal of the Royal African Society*)编辑的信中摘录的一段话:"像现在这样剥夺移民的劳动(这种劳动效率低,并需要经常的监督,所以实际上并不便宜,而是很贵),和剥夺已退休的公务员的养老金完全一样。"(*JRAS*, 1938, 267.)

④ Michael Banton, *Race Relations*, Social Science Paperbacks, London, Tavistock, 1967.

⑤ 例如:K. L. Little, *Negroes in Britain*, London, Kegan Paul, 1947; PEP, *Colonial Students in Britain*, London, 1955; Sydney Collins, *Coloured Minorities in Britain*, London, Lutterworth, 1957.

⑥ Geroge Findlay, *Miscegenation*, Pretoria, 1936.

⑦ James Weldon Johnson, *Along This Way*, New York, Knopf, 1933,65,87—89.

第二章　人和自然

如果种族不是人们行为的决定性因素，我们将从何处寻找对于人们行为的解释呢？在相当长的时期中有一派学者认为人们行为上的差别主要是由不同的自然环境，或与此有关的因素所形成。多少年代以来，希波克拉底、修昔底德、博丹、孟德斯鸠、拉采尔和亨廷顿的说法虽然不同，但都认为一个地方的地理环境，尤其是气候情况，对形成人民的外貌和生活起着作用，并淘汰那些与此不适合的东西。"环境决定一切"，代表这派的主要观点。

但是现在大家已经公认，正如在这个问题上最著名的早期作者之一亨廷顿所说，粗浅的环境论并不能解释人类的差别，除地理因素外，还有很多因素也应当注意到。只要我们对同一环境中的人们的不同生活方式作一比较，这一点就明了了。以畜牧为生的希马人和以农业为生的伊鲁人就同住在安科莱；在亚利桑那，以前靠狩猎和采集为生、现在主要以畜牧为生的纳瓦霍人，和靠河水泛滥经营农业的霍皮人的住地接界；澳洲东南沿海地带以前住着以渔猎和劫掠粮食为生的土著居民，现在却住着从事农业、畜牧业及工业的欧洲人。和植物及其他动物相比，人类较少受环境的束缚，因为人的流动性较大，他有发明创造的才能，他有接受思想的能力，尤其是能通过语言，学到别人的思想并用于改变他自己的环境。

如果说环境在决定人类文化方面所起的作用不是主要的，那么，它起着什么作用呢？

第一，环境显然给予人类生活一种极大的限制。虽然人可能在极端恶劣的气候条件下短期生存——例如在海拔29,000英尺的埃佛勒斯峰（珠穆朗玛峰）上——但是没有人类群体在这里繁衍发展，没有产生喜马拉雅山脉文化。可是人究竟是机敏的动物，很多人类群体能在最初看来简直无法生存的恶劣环境中生活下去。在几乎没有水的澳洲中部沙漠中散布着一些小股的土著群队，过着朝不保夕的生活；布须曼人生活在卡拉哈里沙漠中；爱斯基摩人居住在北极一带的荒原里。但是由于极端贫困和艰苦的环境，这些地方的人所享受的生活水平始终是极低的。他们虽然表现出卓著的才能，但是经过几千年或几万年，直到今天他们的社会依然是简单的社会，他们依旧被自然环境所困。

第二，任何一种环境在一定程度上总要迫使生活在其中的人们接受一种物质生活方式。澳洲中部的土著居民，不论气候如何变化，总是能不穿半点衣服，不需要坚固的住宅；但是这种缺乏水源、土地荒瘠和动植物很少的环境迫使他们流浪无定，靠狩猎和劫掠为生。爱斯基摩人一定要穿衣服，住房屋，以抵御风雪严寒。在这种严酷的环境中他们也无法从事农业。农业知识很丰富的霍皮人，住在沙漠里，不能靠雨水来灌溉，只能利用河水的泛滥来种植玉蜀黍。他们不能不采取深植宽种的方式，并建设防风墙、防沙墙，挖沟渠蓄水和灌溉，以及筑堤防止水土流失。

第三，环境虽然一方面广泛地限制人们的成就，另一方面却为满足人们的需要提供物质。以穿衣为例，爱斯基摩人用他们杀死的野兽的毛皮来做衣服；大洋洲岛屿上的玻利尼西亚人，由于岛上没有大野兽，他们就用植物来做衣服；塔希堤人等热带岛屿的人，用桑树的皮制成衣服；新西兰的毛利人虽然没有这种树，可是有一种亚麻可以搓成线来织布。

第四，环境对人们的文化生活起着微妙的作用。仅以宗教的仪式来说，求雨的仪式在新墨西哥和亚利桑那的普埃布洛印第安人的农业生活中，在苏丹的尼洛特人的游牧生活中，都占极重要的位置，这种仪式和他们所居住的环境有直接的关联。

较原始的民族是这样，欧洲、亚洲和美洲较先进的民族也是这样。在这里，地理因素对社会生活也有强大的制约作用。

但即使在原始的社会中，也不能用所谓“环境决定一切”的说法来解释所有的情况。

地理学家和人类学家已开始不再把人类看作是环境可以任意塑造的东西，而是看作如一个地理学者所说的一种“改变地貌的力量”，人类不是消极地住在世界各地，而是改变环境的积极因素。任何民族，不论是野蛮的还是文明的，都曾在某种程度上改造过环境。澳洲的土著人把水源附近的植物除掉，为了狩猎把荒草烧掉；非洲的农民在森林中不断开辟新地，把森林都破坏了。有高度文明的人们以他们优越的知识、科学和杰出的技术，利用和改变他们的物质环境，毫不顾忌应有的限度，有时甚至到了杀鸡取卵的地步。人们造田地，砌墙壁，筑篱笆，种庄稼，组成了农业社会。但却在有些地方使森林受到严重破坏，使土壤受到侵蚀。严酷的环境大都被人改变了；严寒和酷暑或被克服或被减缓；荒瘠的土地被施上肥料；新的植物品种被培育出来，以适应特殊的气候和抵抗各种病害。最初人们用奎宁制止热带沼泽地热病造成的致命后果，以后又把蚊虫滋生的水塘抽干填满以杜绝热病的根源。这种努力和成就表明，支配一切的不是环境而是文化。

这些应用科学的成就和最不发达的部落的成就相比，只有程度上的差别，并无性质上的不同。文化落后的部落民也有他们的技术和科学知识，有他们的工具，他们能够对付环境，自信在绝大多数情况下，力量的对比总是有利于他们。我们可以看看他们有些什么知识。例如澳洲的部落民，面对传统的环境他们有很多关于自然界的知识。在他们打猎的地区，他们对那些可以食用的野兽、鱼和飞鸟的生活习惯、斑纹、巢穴和季候变迁都了解。对岩石、蜂蜡、树胶、植物、纤维和树皮等，他们不仅认识它们的外貌，还知道它们的一些不显著的性质。他们知道如何取火，知道如何用热来减少疼痛，止住流血，以及如何延迟新鲜食物的腐败。他们还用火和热来加强木材的坚韧性或柔软性。为了使挖成的独木船内侧平滑，他们知道在不能用刀的地方用火来烧。他们至少也知道一些有关月球的朔望、潮水的涨落、行星的运行以及四季的次序及各季持续的时间等方面的知识；他们把一年中气候的变迁如刮风、寒暑干湿的变化和自然界物种的生长与存在联系起来；如果遇到季节性的灾荒或干旱，他们知道如何改变他们的食物，如何迁移住所，如何从一个水源搬到另一个水源。此外，他们还很懂得如何经济地利用宰割食用动物的副产品。例如袋鼠的肉可供食用；腿骨可用来制作石器，还可用来做骨针；筋用来结扎矛枪；爪子用蜡和线做成项圈；脂肪和赭石混合用来做化妆品；血和木炭调和做颜

料。但是在多数地区，尽管人们在夜寒侵入时围火取暖，他们却没有用兽皮做盖被——也许是由于兽皮上的寄生虫骚扰他们的缘故。

他们也有一些机械原理的简单知识。他们在制造飞镖（一种用曲形坚木制的武器，掷出后仍可旋回原处，名为“飞去来器”。——译者）时，要细细校正它的曲度；在制矛时要在手里试了又试，为了达到平衡，要一点一点地削矛杆，使它的长度和投矛人的身高和手臂的长度达到一个正确的比例。在非物质方面，他们建立起一个极复杂的社会组织，有着丰富而有戏剧意味的礼仪和许许多多见之于神话、传说和宗教中的富有想象力的故事。

我们既已说过环境和人们行为的一般关系，现在可以进入人们的物质生活方面的细节了。

首先，让我们讨论一下食物问题。看来食物主要是由环境决定的。在任何人类社会中，食物的重要性可以从两个方面来看。在营养方面，食物是用来满足人体的能量和生物需要的；在社会方面，食物是用来表达和维持社会关系的。人并不是和其他动物那样胡乱吞噬食物，他们要把食物烹调得可口，他们要用食具来装盛食物招待客人，他们要按一定的规矩用食，他们要把食物送给别人，他们要请客人来吃饭，他们要用食物做祭品。所有这些使人体接受营养维持生命的过程受到复杂的社会因素的调节。

关于营养的一个问题是消费食物的数量。以一年的平均数来说，大多数技术落后的人所吃的东西常超过生存所需的数量。但是他们的食物的供应量却常随季节而改变，他们没有法子用从外地输入或移居别处的方法来解决这个问题。一个时期的饥荒一定会影响到他们的体力消耗。奥德丽·理查兹在关于赞比亚的本巴人的报告中研究了一些家庭在八个月内的情况，估计他们只吃了按他们的工作应当吃的食物的60%。尤其是雨季严重缺少食物，而当时正是锄地紧张的农业时节。锄地的活儿没有干好，地里的产量减少了，该耕种的地也没有耕那么多。但是这并不仅仅是由于缺少粮食。M.福蒂斯和S.L.福蒂斯关于加纳塔伦西人的记录表明，同本巴人一样，在农业上需要最重的劳动的雨季，食物最缺乏。但是这个地方的人却生产了很多粮食，而且有很好的仓库可以贮藏，他们知道如何利用这些仓库。在一般情况下，他们消费食物是不粗心大意的，但在庆祝收获的时候他们馈赠及消费大量的食物。在旱季没有什么活儿干，他们本来可以节省一些，把主要的收获留着在雨季劳动艰苦的时候用。但是他们不愿这样做，因为他们把食物看作是具有社会及宗教的价值的东西，而不仅仅具有经济价值和营养价值。

营养的另一个问题是质量问题。一般一个人的食物应当有六种主要成分。其中三种是：碳水化合物（糖和淀粉）、脂肪和蛋白质（存在于一切生物中的含氮的复杂化合物，典型的例子是蛋白）。这些主要是人体内供给热量或能量的成分。其他三种是矿物盐（钙盐、铁盐等）、“附加的”物质（维生素）和水。这三种不供给能量，但是对身体的成长和活动是重要的。

医学常识告诉我们这几种成分是身体健康所不能缺少的，而且它们之间一定要保持适当的比例。直到最近几年，人们还想象不发达地区的人们过着“自然的”生活，在他们的食物中养分一定都很全，根据这种看法，有些人甚至搞返回自然运动。最近对这个问题的更多的了解使我们怀疑这种想象不一定总是正确的。对这个问题所做的系统的科学研究表明，营养不足的情况也会在非洲和大洋洲的技术很落后的民族中存在。一部分原因是自然所供给的食物不够，另一部分原因是他们利用自然供给的东西的方法不适当。而且还有种种社会原因使这个问题更为复杂。

在许多处于原始状况的从事狩猎和农业的人中食物所含的基本营养成分差异很大。澳洲中部和其他干旱地区的居民饮水似乎比人体功能所需要的量少得多。但是，可能每次饮的水很多，以适应他们所处的环境，因为看起来他们没有什么生理上的基本差别使他们可以少饮很多水。澳洲中部的土人还有一种找水的妙法。他们在干涸河底和沼泽中掘出一种很大的蛙。这种蛙在雨季预先吸满了水，然后蛰伏在土中，人们就吸食这些不幸的动物所贮备的水。

很多靠农业生活的人，食物大多是谷物和块根作物，含有大量的碳水化合物，但缺少其他应有的养分。本巴人主要以黍类为生，脂肪很缺乏，动物性蛋白质也很少。尽管维生素 C 的供给不足，他们也从不吃生的蔬菜，而是把蔬菜晒干了保存起来。这就使维生素被破坏了。有些在住宿学校读书的非洲孩子拒绝吃凉拌菜中的生菜，他们说自己不是丛林中的野兽。爱斯基摩人的传统食物中所缺乏的养分则相反。在他们生活的地方，不生产含有大量淀粉和糖的谷物及其他植物。所以他们吸取的碳水化合物很少。他们从苔藓、浆果以及他们的主要食物动物的血液中可以得到一些碳水化合物。大体上说来，他们看起来营养很好，身体也很健康，所以有些作者认为他们的新陈代谢适应这种状况。当然，在营养不足的病能被诊断出来以前，科学家所定的每日食物标准还会有很大的变动。

但是我们不要忘记，非洲人和太平洋诸岛的人除主要食物以外还有许多补充的食物。这是欧洲的调查者经常忽略的。例如本巴人，他们食肉很少，但常吃毛虫、蝗虫和飞蚁。毛虫是他们的主要食物，含有很多磷质和铁质。再如非洲的许多部落，他们自己制造的酒很可能含有维生素 C，而且几乎可以确定含有相当数量的维生素 B。还有，从事农业的人用的调味品中含有脂肪和矿盐，可以使他们保持应有的营养。

在饥荒的时候，许多地方的人就要增加他们的食物种类，把平时不要的东西都利用起来。[①] 最奇怪的是吃土。在澳洲、巴布亚东南部、中美洲、刚果和东非都有这种情形。第一次见到这种事的白人会认为这是肮脏的野蛮人的奇怪的风俗。但是仔细视察一下，即可见到他们所吃的土并不是普通的土，而是一种特别的土。英属圭亚那的奥托马克人吃河床里淤积的软而滑的淤泥；戴利河的澳洲人也吃这种东西，是从河岸两边的斜坡下挖出来的；他们还吃白蚁蚁冢的干土，非洲西部的人也吃这种土。吃土并不只是为了果腹，这种可以吃的土含有很高的矿盐成分。所以，不管人们是否明白这个道理，他们都从这种土里得到身体健康所不可少的养分。对肯尼亚、坦桑尼亚和尼日利亚的可吃的土进行分析以后，可以清楚地看到这一点。用这种观点也许可以解释为什么有些部落如本巴，吃土的主要是孕妇和儿童。这些不为人注意的东西能增加食物的养分这件事，在那些原始的狩猎或农耕民族接触文明，改变他们的食物供应时，或者想改良他们的食物状况时，可能特别重要。

我们还必须记住，两个部落吃一种看起来相同的食物，他们获

得的营养却不一定相同。奥尔和吉尔克斯发现肯尼亚的基库尤人主要吃白黍和玉蜀黍，他们体内缺乏钙质。本巴人的主要食物也是黍类，是另一种指状黍类。但是这种黍类的含钙量大约是基库尤人的白黍的16倍，因此本巴人很少得软骨病。

大体说来，物质环境在调节人们的食物上确实起着重要的作用，尤其是在食物的质量上，对于当地人民的健康和体格有很大的影响。

但社会因素也有相当大的作用。许多地方的人，如非洲和大洋洲的人，以及西方人，因为相信某种关于食物的意见，没有充分利用他们那里的自然资源。正如我们欧洲人认为面包是“主食”一样，很多不发达地区的人也把一种食物作为主要食物。住在所罗门群岛上的波利尼西亚蒂科皮亚人的主要食物是芋头，一种像马铃薯的块根，他们叫它“食物的基础”。很多非洲人是以吃小米粥为主的。加纳的塔伦西人有一种说法，“小米粥是食物，它使你强壮。如果你吃了太多的别的东西，它们就要把你的肚子弄坏。”他们一人一次要吃一磅半的粥才饱。块根食物上市后，他们就吃煮熟的块根，不再吃粥，这并不是想换换口味，而是为了要留着一些谷子以后吃。肉不能算作和小米粥一样的食物，只有“贪嘴”才吃肉。赞比亚的本巴人说，真正的食品只有一种，那就是粥。一个本巴人吃完一盘甜薯或玉米棒子以后，还会说他一天都没有吃东西。上述两种人都吃菜汤，有肉时就把肉和菜煮在一起，当作喝粥时的调味品。汤里含有必需的营养品，可是在他们看来那并不是真正的食物，只是增加些味道。他们把调味品看得很重要，若是没有它，主妇连全家的粥也不煮。所以在改良一个地方的食物以前，必

须了解当地人对食物的看法。

对于某一种食物的漠视、厌恶或传统的禁忌，也是应当重视的。安达曼人不捉野兽和飞鸟，尽管他们很容易捉到；蒂科皮亚人由于宗教的原因不吃许多种鸟和鳗鱼，但他们的波利尼西亚同族毛利人却二者都吃，而且把它们的肉和油视作珍品。从蒂科皮亚人对深海里鲨鱼的态度中可以看到对食物的嗜好和禁忌的复杂性。有些人拒绝吃它，因为它吃人；而有些人却吃它，说正因为它吃人所以对它进行报复。安达曼人和蒂科皮亚人都有其他肉食可以食用，所以不吃不要紧。但在非洲西部的塔伦西人中，虽然肉是珍品，一只中型的珍珠鸡一个七口之家要吃一个星期，但是很多其他的肉类却不允许吃。女人绝对不烹食家禽或狗，虽然这种肉是很普通的。年轻人打死鬣狗就丢掉，认为它是掘坟吃死尸的脏东西，而老年人却以此作为佳肴。在很多部落中，禁止死者近亲在很长的一段丧事期中吃最好的食物。在西方文化中也有类似的情况。欧洲人一般没有丧事期间的食物禁忌。但是他们忌吃家养的狗和猫，尽管他们并不反对吃家禽和家兔——除非那是供玩赏的。在所有的文化中，个人或群体对食物的这种种看法都会影响到人体内应消耗的脂肪和蛋白质的数量。

经济情况也会影响营养的平衡。据尼科尔斯说，斯里兰卡等许多地区的穷人养牛不挤奶，只让它喂小牛，并用牛粪做肥料，最后把牛卖给屠户。据他粗略估计，一年中只有两千万加仑的牛奶供给五百五十万斯里兰卡人消费。而牛奶对于穷人本来应当是最宝贵的食品。

另一方面，本地缺少的食物可以通过和别的地区进行贸易来克服。在这方面最著名的例子就是盐的运销。盐在中非是自由运销的，补充了当地人民的食用的不足。

非工业民族和西方技术成果接触以后，有些营养不足的问题可以解决了，但又发生新的食物问题。用科学方法分析食物，研究营养不足的疾病，研究增加土壤肥力和减少水土流失的方法，研究并推广新的农作物，这些都能对补救食物不足起很大的作用。若把食物与当地风俗，与两性劳动分工，与经济组织，与对口味的看法，与宗教禁忌等的关系指出来，也可以间接地补救食物的不足。不考虑这些社会因素就不能改变食物的供给。人类学专门研究能够指出哪些新食品最能适应当地社会情况，以及如何把这些新食品引入当地的生活体系中去。工业文明的到来也容易带来新的问题。人民经济生活的改变，不恰当地限制狩猎或禁酒等，都会发生预料不到的营养不良。在这方面还应当仔细地研究，看我们那些善意的努力是否反而使当地人的生活变得更糟了。

由于食物的获取是一切人类社会的基本活动，我们可以根据获得食物的方法把社会分成几大类：

1. 采集、狩猎及渔业社会。

2. 畜牧社会。

3. 农业社会。

4. 工艺社会。

每一大类都可以分成几小类。在第一类中，如爱斯基摩人主要是狩猎人和捕鱼人，马来亚的尼格利陀人，或有些加利福尼亚印第安人主要是采集者。农业社会主要根据使用的技术和工具划分：一、只用掘土的木杖来耕种的；二、用锄头来耕种的；三、用犁来耕种的。在这几类中还可以分成若干类。古时候,新西兰的毛利人在掘土的木杖前端装一块木板,制成类似铲的工具。在使用这个工具时,他们不像欧洲人那样用脚踏在铲的边上,而是把脚转到木板前面踏。再者,这种社会分类法并不意味着这几种社会绝然分开。很多从事农业的人也打猎、捕鱼和采集野果。很多放牧人同时也从事一些简单的农业。用犁耕田时常需要牲口来拖,所以多少也要从事一些畜牧业。这种分类只是一个便于参考的框架,它只涉及那里的人们从事的主要行业、他们的技术和生产食物的途径。

直到不久以前,研究人类文化的学者们还对这种主要从社会进化的观点来进行分类的方法感兴趣。他们想说明人类是如何从狩猎和采集这些最简单的阶段发展到从事较复杂的农业和工业的。从简单的阶段发展到较复杂的阶段是一般的进化过程,这一点现在已无可否认,但还要看到并不是所有社会的进化过程都是一样的,所以我们要着重研究与食物生产方式相联系的社会生活。

我们对技术不发达的人民的食物问题的分析说明,他们对于所处的自然环境有相当多的知识,他们有巧妙的技术来解决自己的问题,他们还有物质装备,虽然简单,却适于应用他们的技术和知识。在这一点上,我们又想到一些问题:他们的知识、技术和物质装备有多少是他们对环境的直接反应?他们表现出多大的发明能力?有多少思想是从其他民族那里学来的?他们在多大程度上依靠他们的传统习俗规定的模式和方法?我们的问题可以从以下事例中得到回答:首先简单地介绍一下东非当地农业的一些方面,然后分析一下波利尼西亚人制造独木舟的原理。

1937 年出版的《赞比亚(原北罗得西亚)生态调查》对该地西北部的土壤、植被和农业体系进行了有价值的详尽的研究。调查说明了气候的差别和地文的变迁如何决定这个区域里土壤的主要类别,以及这一切如何决定不同的植被类型。非洲人大都懂得植被和土壤类型的密切关系,他们能利用这种关系,使他们的农艺适应于林木地或草地的不同的土壤。他们知道哪种土壤最适于种植哪种农作物,并且知道土壤的地力能使用多久。按照主要的植被,我们可以把这个地区的农业分成四个主要体系:林木地体系、草原地体系、荆棘地体系、灌木丛地体系,各类中还可以分成若干小类。这里我们只需要提出两个体系来讨论一下:北部高原的林木地体系和中部卡拉哈里平原的草原地体系。

北部高原部落的农业体系是基于一种叫作“其特门”的传统方法。他们砍掉一大片地上的树木,只耕种其中的一部分。把树枝砍下来,将枝叶堆成一个个小堆,然后点火烧。结果使杂草被烧尽了,留下一厚层灰,种子就下在灰里,有时再锄一遍,有时就不再锄了。他们种的主要作物是高粱或指状黍类。在没有烧过的地方就在土墩上种木薯或甜薯。东部卡翁德人所用的最简单的“其特门”耕种法是:一块地用三年,然后就另开新地;精细经营过的土地可用六年,大体上说这里的土地产量是很低的。

在中部卡拉哈里平原的农业体系中,灌木丛地的耕作不很重要,他们的农业主要是草原地耕作。土壤的种类很多,大多数土壤的水分都不同程度地保存在较低洼的地里,不同的耕作方法与草原地区的不同的土壤及其湿度之间有密切的关系。各部落还根据当地的不同情况使用这些不同类型的耕作方法。

这个地区的耕地主要有七种类型：种玉蜀黍和高粱的垫高的地、种块根植物的垄沟地、种混合作物的村边干地、种混合作物的村边湿地、排水放干后在冬季种玉蜀黍、芋头等作物的渗水地、冬季种玉蜀黍的湖地和冬季种玉蜀黍的沿河地。这些不同类型的耕地是用各种草测验出来的。从草的性质和生长情况测出土壤可以种什么。在洛齐部落里，有一个流传下来的这种草名的单子。上述的后五种类型的耕地不使用换地方耕种的"其特门"方法。可以一直种下去，甚至前两种也是这样，把沟垄交换耕种，或是长期休耕，也可能两种办法轮流使用。

从这里我们看到非洲人对自然环境十分注意，也看到他们利用自然资源的能力。但是还不能说这是环境支配一切。

第一，正如生态学研究报告上所说，部落之间互相学习耕作方法的事很多。垫高耕地、实行垄作，以及在村边耕地上种植混合作物等，都是从安哥拉来的移民部落从说西科洛语的部落那里学来的耕种法。但是另一方面，安哥拉移民没有采用汲干水的方法去耕种湿地和咸水湖地，尽管他们常常占有适于种冬季玉蜀黍的地（上述几种耕作方法很适于种这种作物）。实际上报告多次指出安哥拉人部落对于这类很好的土地未加利用。他们为什么不利用呢？看起来原因在于他们的传统力量，一种保守的力量。尽管这种力量非常重要，但时常阻碍他们有效地适应环境，或是在可能选择一条新路时，迫使他们走原来的路。

某种农业技术能否被人接受还有其他的文化因素：有没有新的工具，如犁；经济组织能否引进新的因素，如农作物商品的市场，或欧洲工业中对男工的需要，或外国种植物的引进。所有这些因素都在改变非洲的农业。

我们现在可以谈谈关于波利尼西亚人的独木船的一类的问题。波利尼西亚人住在分布在广大的太平洋海域的岛上。有些岛是低矮的珊瑚礁，有些岛是古代火山口，周围有一些低地。农业和渔业是他们获取食物的主要方式。他们都是勇敢的航海者，有着航海的传统。他们栽种面包树、芋头、山药、椰子、甘薯、香蕉和甘蔗，他们还有许多野生的果树。所有岛上都有木材林，可以用来制造独木船，但是在船的种类、大小和木材的性质上各岛之间有很多差别。在和欧洲接触以前，他们用石器和贝壳加工木材。他们没有铁器，尽管有少数几个人类学家说他们曾一度有冶铁技术。在新西兰他们用当地的麻（一种叶子呈剑形的植物）制作绳索，在别的地方则用木槿植物和椰子的纤维代替麻。

顺便说一下，椰子树（新西兰没有这种树）有很多用途。它的叶可以做盖屋顶的材料、垫地的席子，可以编篮子、制扇子；晒干了，可以做捕鱼时的火把。叶梗可以做食物的捣碎器、搅拌器和钳子。生的果子可以做饮料，熟了可以做各种食品。果壳可以做盛水器，小的果壳做装石灰的容器。果壳碎片可以做成杯子，用来盛果酒或文身用的颜料，可以用做制造椰子制品或刮椰子的刮具，还可以串起来做饰品。叶背上长出的须可用来做袋子或过滤器，青果上的纤维可以做很多种绳索。树身可做掘土棍、支柱，有时甚至可用作栋木。仅仅从对椰子树的多种利用上就可以看出波利尼西亚人具有利用自然环境赋予他们的资源的能力。

波利尼西亚人造独木船主要是为了经济的需要：为了到远离海岸礁石区的地方去捉大鱼，还为了到沿岸各处和各岛去及运输货物。但是若把独木船仅仅看作波利尼西亚人生活的物质附属品是错误的。它是该民族经济组织的一个焦点，因为造船时拖木料、造船骨需要合作，使用船时也需要很多人的合作。独木船是人的私有物，人们把船看得很珍贵，木科和制造技术要付出代价。独木船也是可继承的遗产。按照他们的传统，独木船常常具有宗教的色彩：船主把船供奉给神，而且认为造船工具的效力是出于神力。与此有关的通常加在妇女头上的禁忌，是不让她们踏上独木船。他们的很多传说故事说，他们的祖先就是乘这种独木船到他们现在住的岛上来的，还说神仙也是乘独木船来的。每只船都有名字，名字使它和种种历史或传说相联。他们极宝贵独木船，不仅是出于功利观念，而且是把它当作表达感情的工具。例如酋长去世了，就把他的船供奉起来直至腐烂；外甥死了，把船击碎。最后，船又是他们发挥艺术兴趣的所在，他们在船上装饰着很多木雕和饰物。我们在这里只想讨论船的结构和它的经济功能之间的关系。我们还要讨论人类如何以他们的智慧利用环境所给予的原料制造了这种船。但是我们不能忘记它在社会生活中的普遍的重要性，否则我们就不能充分解释他们在使用这些船时的很多行为。

除了简单的木筏、木排之外，波利尼西亚人还有三种船：单独木船、双独木船和装配有一根舷外浮木的独木船。有时这三种船在同一地方都可以见到，尽管在大多数岛上自从欧洲文明进入以后，某些较大的构造复杂的船，尤其是双独木船，已经被废弃了。但是一般说来，在波利尼西亚中部，那种装有一根舷外浮木的独木船还在使用。我要讨论的就是这种船（参看书前插图5）。

独木船的第一个标准显然是浮力和适航性。为了达到这个目的，波利尼西亚人使用三种构造方法。第一种是简单地把树干挖空当作船体，不再有其他装备。这种船能否适应海面上航行要看使用的木料大小。波利尼西亚群岛的许多地方不长大树干的树，因此这种简单挖成的船体只能在湖上、河上或海湾里使用。若要在海面上航行，船体一定要加高，两舷要捆上两块木板作为船侧板。若是木材太小，这种装配还是不行的，大独木船必须分节构造，或用几块木板拼放在龙骨上造成船底。在艾图塔基，船体是按木材长短由一节、两节或三节制造的。但是这并不总是由环境所决定的。在社会群岛上有三种独木船。在海岸附近捕鱼用的船，是一种简易的独木船，在船体上部边沿用一条细皮带围着，成为小船舷；较大的独木船叫做“瓦阿”，船底是圆的，船身用独木挖成，两舷装着侧板，船首和船尾铺着护板。用这种船作普通航海时，就在船上加一个舷外浮木；在举行仪式或作战时，就把两只船捆在一起，成为双独木船。在背风群岛上还有一种叫“帕希”的船。这种船约有五十英尺长，是把小木板拼放在龙骨上造成的。“帕希”和“瓦阿”的类型不同，部分是由于背风群岛上没有大树可以造独木船的船身，但也是因为他们对不同的技术的价值有不同的认识。“帕希”船虽然是用小木板拼成的，但是从强度、便利和海上航行来说，比“瓦阿”船要优越得多。

在古代波利尼西亚不可能用铁钉造船，木板是用坚韧的绳索捆住的。就是现在，这种方法也还在普遍使用。把船侧板捆在船身上的方法各岛有很大不同，这并不能说纯粹是由环境造成的。图 1(a)画着几种主要的捆绑法。可以看到这些结法在防止水从接头处渗入和顶住浪的冲击上技术效果是很不一样的。很少有把船侧板简单地捆在船体边缘上部的，尽管在托克劳和艾图塔基是这样做的，而且在拉亚蒂只捆住木板的一部分。解决这个问题的方法主要有三种：一、在接合处，一面或两面加上夹板，然后捆住；二、船侧板和船身内侧都留一凸缘，然后将绳穿入凸缘加以捆住；三、把船侧板和船身削薄叠上加以捆住。穿过凸缘的捆法，如在萨摩亚岛和蒂科皮亚岛所见，不能有洞露在外面。但是除非这凸缘很大很强，不然海浪冲击时，还有发生松脱的危险。绑得最牢固的方法见于马尼希基和拉卡杭阿，凸缘和夹板同时使用，在船身外部看不出捆绑的痕迹。这种种捆绑方法的准确来源没有证据可以推测，但从它们在岛上分布的情况，从有往来的各岛所用方法的特征来看，各地独立发明和互相学习技术的情况都存在。

独木船要达到的第二个标准是它的平稳性。毛利人用当地五英尺以上直径的巨木造船，这种木料直接挖成船身就行了，不必另外再加配件。但是在波利尼西亚群岛的大多数岛上不可能用这种办法。因此，一定要安装舷外浮木，他们的独木船才能自由地在大海上航行。所谓舷外浮木是一根和船身有一定距离、与船身平行的轻质浮木，用一排横杆或支架把它连接在船体上。还要考虑一个辅助的技术问题。船身和浮木的粗细有很大不同，因此二者的排水量不同，船身总是浮得比浮木高一些。所以，一定要想个方法来保持船身的平稳(图 1(b))，解决这个问题的一种方法是用弯曲的横杆来连接船身和浮木，还有一种方法是用直的横杆，但是为使浮木与这些横杆保持一定距离，其间要加一些短木。前者称作“直接系结法”，后者称作“间接系结法”。间接系结法的好处在于使用一排水平的横杆，可以免除选择曲度合格的横杆的困难。这是波利尼西亚人最常用的方法。但是夏威夷人的船用直接系结法，拉罗通加人及萨摩亚人的有些船用一头分叉的横杆来连接船身和浮木，基本上是相同的。塔希堤的渔船两法并用。前排是坚硬挺直的横杆，用短木将其与浮木连接在一起；后排的横杆是较细的呈大弯状的曲木，直接系在浮木上。这种船常用帆航行，其时浮木常在迎风的一边。后排较细的横杆的优点在于它柔韧，当风暴突起时，能在水面上拖曳较长的时间，水手们可以从容地在舷外浮木一侧加重，防止意外。据说即使船不张帆，这些柔韧的后排横杆也可以使船在海浪上平稳前进。然而这种方法并没有被普遍采用，尽管最近拉帕人和土阿莫土群岛的法卡拉瓦人也开始使用这种方法了。

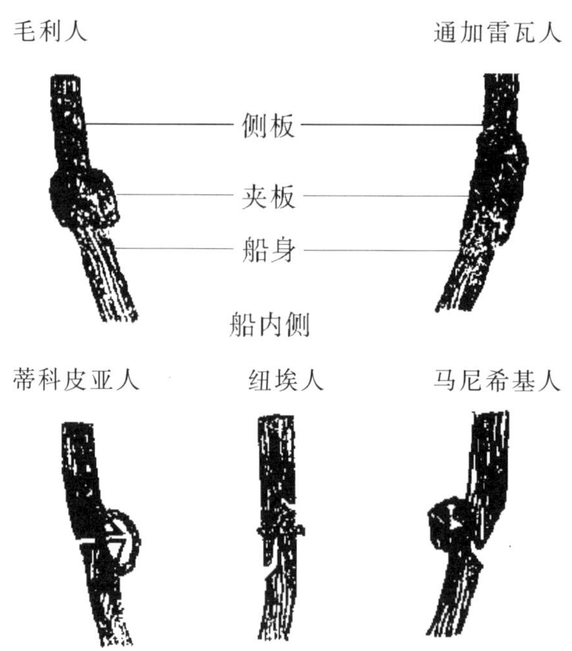

波利尼西亚独木船侧板系结法

图 1(a)　波利尼西亚人制造独木船的技术

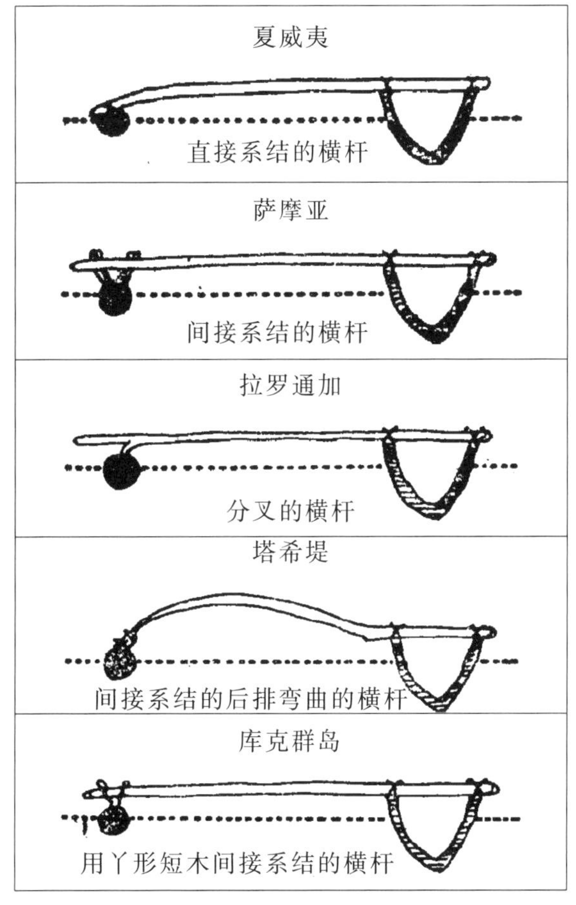

波利尼西亚独木船舷外浮木的系结法

图 1(b)　波利尼西亚人制造独木船的技术

（根据 P. H. 巴克）

间接系结法在细节上各地不同，方式很多。短木有直的、曲的、分叉的、U 形的和 Y 形的，一般都用一对。这些短木插在轻软的浮木中，然后用绳子把横杆绑在上面。当海上风大浪急，船受到海浪抛举和猛烈撞击时，为了加固连接，要在浮木和横杆之间加捆一道结实的绳子。绳子的系法依船的形式和当时的环境而不同，

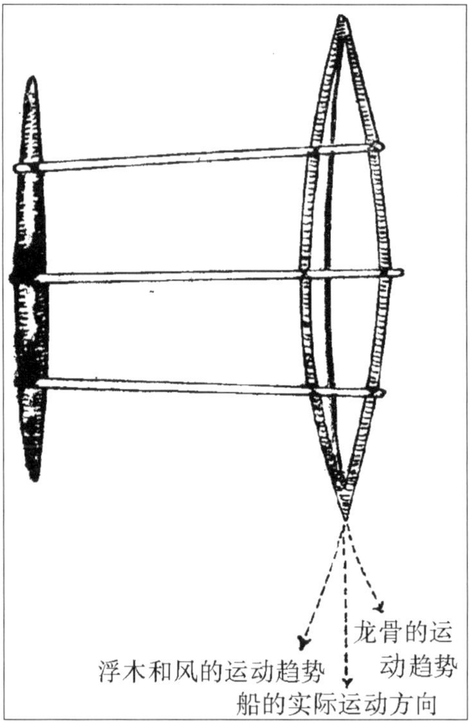

龙骨的运动趋势
浮木和风的运动趋势
船的实际运动方向

图 1(c)　吉尔伯特人的造船技术

(根据 A. 格林布尔)

十分有趣。把绳子从下面绕过浮木，这是最方便的系法。但是如果船要在这一带海上常有的珊瑚礁之间来来去去行驶，这种结法很容易使绳子磨损。所以更好的办法是在浮木的上部钻孔，把绳子穿在孔里。在萨摩亚一般用在有珊瑚礁的浅水里打鱼的船，绳子总是穿过浮木上部的洞来系的。但是用来在公海的暗礁之间追捕鲭鱼的船，绳子就是绕着浮木系住的。这样做是可以的，因为这种船为了追鱼需要速度快，所以必须很轻，下水时可以扛下水而不用拖下水(因此绳子不易磨损)。另一方面，在蒂科皮亚，所有的船都是用绳子绕住浮木的，原因是这个岛沿海的礁石不多，稍加小心浮木就不会擦在礁石上，因此就不需要那些细致的系法了。从上述我们可以看到吊挂浮木的系结法有下列因素在起作用：对坚固的舷外浮木的需要；在浮木上穿孔的技术；避免绳子被磨损的意愿；使用船只的特殊环境。

一般说来在采用一种办法解决某个技术问题（在上述的例子中是安置舷外浮木使船身平稳的问题）时立刻会引起其他一些问题（在上述例子中是使船身保持平衡及船身和浮木如何系结牢固的问题）。在这种情况下，各地的环境和那里的人们的创造性总是在大体相同的思想状态下发挥作用。

关于独木船必备的条件，还有一个需要再说一说的，就是船的稳定性和驾驶的灵活性。舷外浮木是装置在船身的一侧的，这就会影响到船的推动力和对船的行驶方向的掌握，如果让船自己在水面上漂，它就会渐渐地在原地打转。大多数波利尼西亚的船——即使现在已有些退化了——用桨划和使帆都可以（当船在礁石多的浅水中航行时用篙撑）。舷外浮木装在右舷还是左舷并不是随意的，但是装在左舷较为普遍，右舷空着，这样可以让习惯用右手的人划船。有时因划船的人习惯左手用力，浮木就装在右舷。即使在这个问题上地方习俗也使人迷惑不解。土阿莫土群岛的马克萨斯人和纳普卡人风行把舷外浮木装在右舷，但我们很难相信那地方的人都是习惯用左手做事的。

波利尼西亚人很会驾驶独木船，他们可以只在一边划并能有效地操纵船的行驶方向。我还记得我第一次在蒂科皮亚人的船上划船时，一会儿在左边划，一会儿在右边划，他们都笑话我。但是他们并不仅仅用人力来抵制舷外浮木的牵引力。在有些岛上至少造船的人明白这种技术上的困难,他们用各种方法来克服它。一种办法是,他们在造船时使船体的横切面不对称,靠浮木的一边宽一些,另一边陡一些。这样,当船被推进时,船体本身的运动趋势不是向前,而是向着与舷外浮木的牵引力相反的方向,结果浮木的牵引力在很大程度上被抵消了。另一种办法是,他们在船上造出特殊的龙骨:或使龙骨上有一些偏斜的部分,或使龙骨对着舷外浮木的一边成为一个凸出的面。这样,在船行驶时,同样可以使船体的运动趋势与浮木的拉力成相反的方向。结果这两个不同方向的力大体上互相抵消,船就沿直线行走了(见图 1(c),这是来自密克罗尼西亚邻近地区的吉尔伯特人所造的类似的独木船)。

从我们对波利尼西亚的配有舷外浮木的独木船的考察中,可以看到当环境在很大程度上决定了独木船的形式和造船的技术时,人们的发明创造能够克服环境所带来的种种困难。而且,当习俗和传统规定着造船的步骤时,人们却必须经常从别的岛上学来新的想法,用它们来解决本地的问题。

总之,即使在技术原始的社会中(如刚果俾格米人和澳洲的土著人),我们所见到的也不是没有才智的人,不是一切都受环境支配的人。我们见到的是有一套知识和技术、适应性强、愿意学习和善于吸取经验教训的人。

注　　释

① 关于波利尼西亚人遭到饥荒时在经济方面和社会方面的反应,见我的著作:*Social Change in Tikopia*, London, Allen & Unwin, 1959,51—76。

第三章　原始社会的劳动和财富

西方工业为了获取原料、开辟市场和雇佣新的劳动力，极力向世界各地扩张，因而使我们接触到各地人民对经济问题的态度。来到热带的白人往往认为当地人民的经济态度很难理解。他的发展经济和改良社会的计划受到当地人们的思想抵制，他认为这些思想是不适当的、不合理的。在特罗布里恩德群岛上，土人们经常拒绝商人的雇佣不愿到海里去捞珍珠，而要去参加捕鱼时远征，尽管前者的报酬比后者高十倍或二十倍。在所罗门群岛上，以前一个人可以用一先令买三支烟，但是他们却愿意以价值二先令的货物来换三支烟。在新几内亚等地方，一个土人几个月挣的工钱，为了买礼物送亲戚，或买些廉价的小玩意儿，可以在几天之内全部用完。在非洲东部和南部的土人是靠畜牧为生的，他们却经常保留着衰老的牲口，使草原负载过多，以致危及草原的肥力，这显然是不经济的。对这些事怎样加以解释呢？是我们遇到的人没有价值观念和经济原则的观念吗？在非洲或大洋洲，以及其他地方对这类情况的观察曾使人们对当地人的行为和他们的基本动机发生误解。

人类学家有责任系统地研究不发达的异族社会，对这些问题作出解释。但是不幸的是过去许多人类学家观察经济情况时，只研究技术、艺术和工艺，忽略了支配前工业社会和前资本主义社会

的工作和财富的基本原则。

经济学是从主要方面来研究人类利用有限资源的活动和人类因需要而组成的社会组织。在现代工业社会中，经济学家已提出了研究这类社会组织的详尽的方法，并发表了很多关于这个问题的论述。至于这种方法和这些论述能在多大程度上用来研究非工业社会组织，还是一个争论中的问题。在这些社会组织内，物质设备比较简单，而且这些设备没有组合成一种工业组织。这种社会组织一般规模小，而且缺乏相互之间进行广泛交往的体系——它们还没有成为世界市场的一部分。而且，除了他们和西方文化的接触，他们也许还缺少一个可以衡量需要和供给能力的价格体系，尽管这个体系可能是不完善的。另外，经济学家在分析现象时所假定的那些人类的基本态度，最终是取材于他在我们社会中所得到的有关人们行为的经验。很可能这些假定的态度在非工业社会中起不到相同的作用，在非工业社会中调节人们行为的重要准则也许是另外一套态度。由于这种种原因，现代经济学家所用的名词——如资本、积蓄、利息——不能直接用在经济人类学中。

但是，从我们的研究中确实可以得出某些重大的原则。早年有一位德国经济学家曾说：有些原始民族还处在一种前经济时期中，个人寻取食物是这个时期的特点。现在我们不能再接受这种说法了。在任何人类群体中，总有一个与人口相关的食物供应的问题，这个问题不是孤立的个人可以解决的，它是一种团体性问题，要靠一种有计划的生产和分配的体系来解决。对我们来说，一开始就认清以下这点是重要的：家庭纽带、对亲戚和邻里所承担的广泛的义务、对首长和长者的忠心、对氏族禁忌的尊重，以及认为食物和其他一些东西是由鬼神和祖先所支配的信仰，在他们的经济体系中都起着各自的作用。

那里的人们不在欧洲人雇主的管理之下，在自己的部落里是如何工作的呢？他们没有实行按劳付酬的工资制度。他们认为参加工作是对需要这项工作的人应尽的义务，而不是为了从他那里得到物质报酬。但是他们也没有把为工作而工作看作是一种义务。他们没有“魔鬼愚弄懒惰的人”一类的谚语，也没有“劳动的尊严”一类的道德观念。他们也不像我们那样，认为时间在经济过程中是一个重要因素。他们计算工作报酬不是以各人所耗费的时间作标准，若是两阶段工作之间有一段间歇——比如等金属加热或液体烧热，等布匹晾干，或等种子出芽——他们也不觉得因此所需的时间是“浪费”或“失去了”。也许欧洲读者不易理解的正是他们自己不知不觉地对光阴的流逝在精神上那么看重，而非洲人对此却无动于衷。这并不意味着非洲人整天闲着，或干活很懒散。当工作需要努力或甚至需要赶进度的时候，他们一点也不迟缓，但是他们的这种反应只限于任务需要的范围之内。此外，他们还常常在空闲时找别的事干。但是他们没有抓紧时间的责任感。

有人认为部落民族经济活动的主要动机是他们要满足当前的物质需要。从我在前一章中所说过的情况来看，这确实是他们生活中的一个重要因素。但是如果说他们的经济组织仅仅是用来对付衣食住等需要的，则也是不对的。第一点，经济组织是一种社会化的反应，而不是个人的反应。他们赋予食物的价值不仅仅在于它能充饥，还在于它能用来表达他们对于亲戚、酋长、祖先应尽的义务，用来表示他们的殷勤好客，用来显示财富，用来为他们的儿子找配偶。他们赋予独木船的价值也不仅仅在于它能运货、载人和捕鱼,还在于它同时可以显示木工手艺、雕刻艺术和装饰艺术,它还是航行传统的纪念品,甚至是神的憩息场所或神的化身。一头母牛的价值不只是因为它能产乳,或它的肉、皮、角等有用处,或是出卖它可以得到钱,还因为它用于婚礼和献祭,以及它是社会地位的标志。整个民族的经济体系是在这一套复杂的价值观念中运行的。第二点,由上述可见,建立他们经济生活的种种欲望有很多是非物质性的。想在社会中得到好名声的欲望会使人积累很多食物、母牛和独木船。可是在有些情况下,同样的欲望却使人放弃单纯的积累——在交易中主动给人便宜自己吃亏,或在儿子的婚事或父亲的丧事里尽量花钱。还有最极端的情况,如美洲西北沿海的印第安人,在盛大的宴会上为了当众损伤对手的面子,不惜毁坏他自己的最珍贵的财物。这完全是经济行为,其中包含个人对如何使用他的财富作出抉择。但是这一行为并不是在以得到最大的物质满足为经济目标的观念指导下做出的。

在那些地方,人们工作并不是希望即刻得到报酬。正如马林诺夫斯基和特恩沃德指出的,人和人之间的关系大多以互惠为基本原则。在非工业社会中常可见到给人送一件礼物,或为人做一件事时,当时并没有得到报酬,而是双方记在心里,日后受情的一方找个机会回礼。所回的礼可以是同类礼品,也可以是不同类的;它可以是物品或劳力,也可以是某种行动,如当对方去世时去哭一场,或是当众赞美赠予者。也有当场表示的。在蒂科皮亚,某甲在跳舞会上唱了一首歌颂扬某乙,某乙就在会场里立刻拖出一幅树皮布送给他,以“报偿”这首歌。但是在丧事中一般都是事后再回礼。死者的亲人不为自己准备食物，因为他心里悲痛，所以要从外边来的人出于蒂科皮亚人所说的“同情心”来为他准备食物。三天之后，哀悼亲人的人要送给那位为他准备食物的人一个木碗、几根编带和几个钓鱼钩作报酬。日后当对方家里也有丧事时，他要报以同样的服务，带着一篮食物去，他也会得到上述的礼物。这样双方的受与就互相抵消了。这个例子还说明：准备食物和进食与同情心及家属感情的关系有多密切。互惠原则不仅要以食物回报食物，而且同情心也是要得到感激和回报的。

这种复杂的行为为什么会发生呢？艾尔弗雷德·马歇尔曾说：“在人类生活的未开化阶段，一个人对他人的许多服务差不多和蜜蜂及蚂蚁一样，是出于遗传的习惯和非理性的冲动。”① 当然，他立即补充说，有意识的自我牺牲和为部落尽义务的思想很快就发生了。但是，重要的是要了解他们的习惯既不是遗传的，也不是非理性的冲动，而是在当地社会的社会价值中培养起来的习惯。至于自我牺牲和尽义务，正如我们刚刚看到的，除非从互惠的原则上去推求它们的意义，否则是不容易理解的。

关于这种经济体系我们还要扼要地谈些看法。我们看到，个人之间和群体之间永久性的分工不是这种经济体系的特点。如非洲的铁匠，有时一个人或一家人以主要精力从事一种专门的工作，但即便如此，他们通常也总是有副业收入来源。在大洋洲的岛上，每个人通常都是农夫和渔夫，同时也能干木匠活，修草屋，搓绳子，以及从事当地社会的其他手艺。分工是有的，特别是男女之间的分工，但是没有人希望单靠一种技能谋生。这种情况的明显的结果就是不会出现大量的季节性失业和流动劳力——这些人只有靠资本家雇用才能生活下去。

协同劳动是非工业经济生活中常见的现象。在他们那里促使大家在一起劳动的因素可能和我们不同。雇工对雇主的责任、怕得不到工钱或被开除的畏惧心理,并不是促使他们干活的主要动力。对他们来说,更重要的动力是勤劳的习惯,是同伴对懒惰的责备;[②]和大家一起干活时的歌声和谈笑减轻了他们的辛苦,带来欢娱的气氛,也使他们更愿意干活。在真正的重活儿中也是这样,如拖木料和拖独木船时,很多人用有节奏的号子来协调大家的动作,并减轻劳动的重负。工作时的歌,如水手的起锚歌,不但可以使大家在同一时间一起用力,而且可以分散这种单调工作给人们带来的烦扰。

在非工业社会中,劳动还有一个普遍的特点,就是技术和宗教仪式密切地联系在一起。在理论上,很容易在两者之间作出区分,但在实际生活中,为达到某种目的的行动常和种种仪式活动交织在一起。比如为了增进土地肥力,为了控制在我们看来属于命运和大自然中不可预测的因素,为了要求祖先或神来帮助人的努力。马林诺夫斯基和其他一些人类学者曾经指出,这些宗教仪式不是加在经济活动中的无谓的累赘,它起着重要的作用:它能团结劳动者的力量,能在人们面对未知的事物可能被恐惧所压倒时,给人们以信心。另一方面,这些宗教仪式和他们的信仰,有时的确不利于经济活动的效率,它使人们保持效率低的传统技术,而不能通过较为自由的实验方法发现效率高的技术。这些仪式还浪费了本来可以在其他方面增加财富的时间。虽然这样,我们还是不要忘记上文述及的那些地方的人们对于时间的态度,即使取消了与劳动同时进行的巫术的或宗教的仪式，也不可能提高生产活动的效率。我们已见到有些地方的人，如毛利人，在受到欧洲的影响，废除农业活动中的宗教仪式以后，他们干活的质量反而降低了。

在非工业经济中，资本一词也很难用我们社会中通用的意思去解释。在工业市场经济体系之外的人们的确会把某些财产用于发展生产，为了这个目的他们经常预先积存财物。因此，在要造独木船以前，一个蒂科皮亚人会预先多种一块地，并且让他家里的女人在日常需要之外，贮存一批树皮布和草席。但是这种资本的性质是易变的，本来为了这个目的而准备的东西，在需要时就可能立即挪作他用了。一个本来想造船的人，船还没有造或正在造时，家里死了人，他所积存的财物就为了办丧事拿去交换所需的物品了。在这种社会中“资本”的灵活性很大，挪作他用一般不致受损失。然而，明确地为了赚钱而投资的情形是很少的。用财物资助别人的生产事业常常出于对亲属的责任，或是由于互惠的安排，归还时并不附加增值的部分。

这最后的一点提出了交易问题。在和欧洲人接触之前，大多数前工业社会没有可以称作“货币”的东西，因此也没有价格体系。一般认为这种社会是实行物物交换的。但是，在缺乏价格尺度的情况下要做到买卖双方等价交换，就要有讨价还价，双方都想以自己付出的货物得到最大的收获。这绝不是说非工业化社会的交易都是这样的。不但普遍存在着惯用的交换比率，而且规定这些交换比率的传统因素也不仅仅是习惯性，常有很复杂的观念掺在里面，如表示慷慨公正，尊重对方的人格，尊重交易行为，认为它是比单纯的以物易物更为广泛的社会联系。这一点从被叫作“相互送礼”的事中最能表现出来。这里要维持公认的比率，要实行有来有往的原则，但交易的形式是送礼和回礼——在有地位的人之间，可以这样说，要避免讨价还价那种有损双方社会地位的观念。有时，实际上，受礼的人会有意加重还礼，以维持他的社会地位。这种交易的另一个特点就是有一种所谓的“交易范围”。货物和服务分成不同的类别，某种项目只能和同类中的另一种项目交换。例如在新几内亚的东南部，在贝壳臂环所有者和贝壳项圈所有者之间进行着一系列重要的交易，同时另有一种鱼和蔬菜的重要的交易。但食品只能同食品交换，贝壳饰物也同样只能交换饰物。想用贝壳饰物来交换芋头或鱼或其他不是贝壳做的东西，那是不可想象的。没有自由的市场，没有衡量单个物品价值的最终标准，没有共同的交易媒介物可以使各种物品和服务的价值以相同的价值单位表示出来，因此“原始”的经济和我们的货币经济是大不相同的。

因此非市场的分配体系不是按照不同的生产者所提供的服务给予完全等值的报偿。它认为要以从事生产所提供的社会方便作为报酬，而不是对取得的物质利益给予同等数量的回报。在这种体系中，不容易区分工资、利润、利息等范畴。而且他们对社会成员的需要很重视，所以这种分配体系是受社会福利和公平的原则支配的，这些原则因各地社会的特殊情况而不同。但是这种社会不是任何严格意义上的共产主义社会。他们有财产的观念，生产资料可以归个人所有，也可以归集体所有。个人的财产权往往是很复杂的。有的是因父母的关系而获得的财产权，也有的是妇女对于家庭财产所拥有的权利，还有的是酋长对于他的氏族人民的财产的权利。同时，共同责任的观点通常也很起作用，它以强有力的道德准则来限制人们剥削同氏族的人。

人类学家着重研究的几种经济体系的某些复杂性现在可以看清楚了。对每一点都详加讨论是不可能的。但是部落民经济体系的主要特征是清楚的，即它没有货币，没有价格结构，以及在很多情况下没有正式的市场。我们不妨把这个特征作为部落民经济的总的标志。由于这种情况，人们也许会认为他们的经济运转没有明确的原则，他们的交易或是杂乱无章的，或是如马歇尔所说，是"按照遗传的习惯"进行的。

在我们的经济体系中，货币可以用来衡量几乎一切东西的价值，通过这种方便的交易媒介，我们几乎可以买卖任何东西，货币还可以用来预订货物。推而广之，货币还可以用来衡量与货物相对的服务的价值，可以加快经济过程的运转。在没有货币的社会里，这些功能就无从说起了，可是经济活动还是照常进行。他们也承认服务的价值，也付给报酬，他们一样有办法吸引人们到生产活动中去，价值也是用数量来表示的，他们有传统的衡量标准。

我们不妨先分析一下土人对猎得的野兽所作的简单分配。他们打到野兽后是否把它割成若干块，然后把最大的一块分给力气最大的那个人呢？几乎从来不是这种情况。猎物常常是按照公认的原则来分配的。因为猎到一头野兽总是很多人合作的结果。人们可以期望他们是会按照干活儿的多少进行分配的。在一定程度上，这个原则是遵守的。但是没有参加打猎的人也有权参加分配。按照传统，在澳洲的许多地方，生活在同一宿营地中的每一个人都可以凭借他和猎者的亲属关系分到一份。猎者甚至把最坏的部分留给自己。从前在艾利斯斯普林斯，猎人若打着了一只袋鼠，他就要把左后腿给他的兄弟，尾部给他堂兄弟，腰部和脂肪给他岳父，肋骨给他岳母，前腿给他父亲的妹妹，头部给他的妻子，他自己留下内脏和血。在不同的地方分配给亲属的部位也不同。纠纷和殴斗经常发生，并不是因为有人怀疑这种分配的基本原则，而是因为他们认为别人没有完全遵守这个原则。虽然猎人自己和他的妻子儿女分到不好的部位，但是等他们的亲属打到野兽时，他们就会分到较好的部位，这种不平等就被补偿了。于是形成了一种交叉进行的交换关系。长此以往，最终使每个人实际上分到均等的东西，而且通过这样的分配体系，强调了亲属责任和共同分享食物的道德观念。

我们从上述例子中可以看到，虽然按劳取酬的原则并没有被忽视，但是这个原则却淹没在比它范围更广泛的一套社会准则中，按照这些准则，人们认为亲属关系、社会地位或特权，以及宗教礼仪观念都应当靠经济基础来维持。与西方资本主义社会不同，在亚洲、大洋洲和其他前资本主义社会中，依靠生产者生活的人经常可以和生产者一样直接参加产品的分配。

在对于部落生活具有重要作用的宴会上，这些原则表现得更加显著。食物的生产者或所有者总是把最好的部分送给别人。

举行宴会可能是为偿还别人的劳动，也可能是为纪念成年或结婚等重大事件，还可能是为了巩固群体之间的联盟。一般说，宴会的主人总是会因此而得到荣誉，而在那些个人名誉和挥霍钱财紧密相联的地方，举行宴会就成为提高社会地位的步骤。在美拉尼西亚的班克斯群岛等地，这类宴会是个人获取各种社会地位的礼仪的一部分。在当地人民生活中它常是一件重要的事。在波利尼西亚，这类宴会并不常见，但在蒂科皮亚，一个酋长每隔十年左右总要举行一次宴会来庆祝在他统治下取得的进步。阿萨姆的纳加人的“庆功宴会”，与其说是为了宣告对社会竞争者的胜利，不如说是为了获取社会上公认的某种地位。

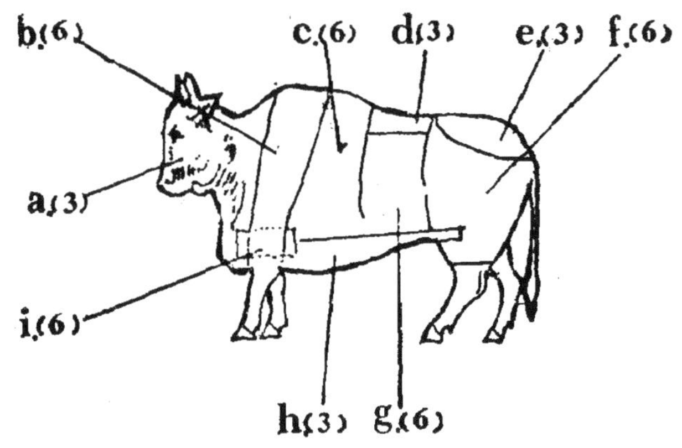

图2　在钦人宴会上的分牛方法

（根据 H. N. C. 史蒂文森）

让我们举缅甸萨哈的钦人举行的一种最盛大的宴会——“宽扎威”为例，H. N. C. 史蒂文森曾描述过它的情景。这种宴会最重要的特点是屠宰、分送三头名叫“米桑”的特种牛。宰割的方法不是随意的，而是按照一定的部位把牛割成几大块，每块各有名称。而且，各个部位的肉必须按规定送给一定的人。图2表明宰割的方法。下表说明不同部位的肉如何分配。必须记住，一共屠宰了三头牛；下表第二项中的数字表示用于分配的各部位肉的总块数。

部位	块数	接受者
a	3	分给父亲、兄弟、堂兄弟。肉割下来以后，头骨还给宴会的主人，他把这些头骨挂在他的住房大门前，作为他的财富的标志。
b	6	一份给宴会主人；一份给“替罪羊”（一个将承受灾祸的白

		痴）；一份给出竹料为宴会主人的妻子制作椅子的人；一份给一个助手；两份给以前举办过宴会的人。
c	6	六份都给以前举办过宴会的人。
d	3	一份给首领；两份给亲密的朋友。
e	3	分给父亲、兄弟和堂兄弟。
f	6	三份给以前举办过宴会的人；三份给姐妹或近亲的表姐妹。
g	6	六份都给助手。
h	3	三份都给“帮忙的姐妹”，即到宴会来帮忙的较远的女亲戚。
i	6	一份给首领；两份给以前举办过宴会的人；其他如何分没有提及。

此外，肋骨下方还有三块肉是给铁匠的。内脏给主人妻子的兄弟和主人母亲的兄弟。血装在肠子里和肉片及一些小块的肉一起烧，送给寡妇和贫穷的人。

在这种复杂的分配方案中，我们可以看到得到肉的主要有三种人。一种是主人的亲属；另一种是帮忙的人（包括他的两个朋友、铁匠和首领）；第三种是以前举办过宴会的人。赠送第三种人所表明的不同含义是，在这个社会中一个人如何靠挥霍他的财富而获得社会地位。一个人在举办了一次宴会之后，就可以在别的宴会上多分到肉和好酒；他女儿出嫁时可以收到较多的礼金；他有资格参加村里的议事会；如果他继续请几次客，他就有权在他的房子上开几扇窗子，并在院子里造一座小小的避暑的屋子。最后，靠“宽扎威”盛宴，他死后可以进入钦人的最高的天堂。钦人和其他许多地方的人民一样，送礼比受礼更得福，但这只是因为他送给人东西，才能在将来获得更多的东西。

在宴会上举行分肉的仪式是常见的。彼德·巴克曾经描写过萨摩亚人分猪肉、鲭鱼和鲨鱼的情形。一头猪分成十份，每份有一定的名称，分给相应的具有某种社会地位的人。他们的分猪仪式如此重要，以至肉煮得好坏成为次要的事。如果猪肉煮得太熟，分的时候就可能被撕坏，就不能按照仪式规定的方法来分配。这样，主人会感到惭愧，接受肉的人也会不满意。所以招待客人的肉总是煮得半熟。这并不是说萨摩亚人喜欢吃半生不熟的猪肉。客人们并不立刻在宴会上吃肉，他们只吃同肉在一起上来的鱼和蔬菜。对他来说，重要的不在于吃猪肉，而在于分给他肉。萨摩亚人如此讲究礼仪和社会地位，以至我们的规矩，即使是在正式场合的，和他们的相比也还是显得不礼貌和没有规矩。

现在我们可以看看在一个没有货币商业体系的社会中，拥有不同财物的人们如何调剂资料的有无。没有货币不等于没有交易。即使在最隔绝状态的民族中，部落间也有接触，也互相交换货物。人们有时举办定期的集市，如在所罗门群岛的马来塔岛上就有集市，在非洲很多地方现在还可以见到这类集市。人们有时组织远征队到别的地方去进行交易。

据记载，在新几内亚沿海地带的部落中就有一种富有戏剧性的经商远征队。塞利格曼和巴顿曾描写过莫图人的名叫“希里”的集市情况，马林诺夫斯基曾描写过特罗布里恩德群岛的“库拉”集市，他们的记述已成为研究土著人民航海经商的经典著作。

莫图人住在巴布亚的干燥地带，妇女们制造陶器。每年当东南贸易风快刮完的时候，莫图人就满载一船陶器开始了二百多英里的航行。六个月以后，当西北季风快刮完的时候，他们带着一批新造的独木船和成吨的西米*归来。每次航行都是一次冒险，所

* 西米是由几种棕榈树干内所贮碳水化合物制作的食用淀粉。——译者

以，毫不奇怪，水手们和他们在家的妻子都要遵守许多禁忌，还要施行巫术，以保障航行顺利，避免船只倾覆。特罗布里恩德岛上的人参加有名的“库拉”集市。他们带两种东西去和人交换，一种是实用的货物如陶器，一种是红色贝壳项圈和白色贝壳臂镯，这些虽然是装饰品，但是人们很少佩戴。项圈是在几百英里范围内的岛上居民中交换时，其交换路线和时钟转动的方向一致。臂镯的交换方向正好相反，当它们相遇时，就互相交换。这些交换是复杂的，以互赠礼物的形式出现，互赠往往相隔数月。这些交换多数是以由独木船组成商业远征队的形式进行的。参加“库拉”集市的独木船和参加“希里”集市的独木船一样，其建造和行驶都是在巫术的气氛下进行的。这种“库拉”集市的交易使我们注意到大洋洲土人的交易的一个极重要的特征，就是这种交易的最高点，往往不是交换家用的货物，而是交换一些很少或完全没有实用价值的东西。可以说这些东西的价值完全是在交易中提高的，而不是由于交易之外的任何原因。在某种意义上说，是交易本身有价值，而不是交换的东西有价值。

不过有些地方的礼仪性的交易并没有定期的经商队。交易是借着部落间大规模的集会进行的，如成年礼等仪式。W. E. H. 斯坦纳所描写的澳大利亚北部德利河的穆卢克人和马登格拉人就是这样交易的。这种交易制度叫做“默博克”。在“默博克”交易路线上有很多种货物，包括氧化铁、白黏土、头发佩带、标枪、飞去来器、蜂蜡、珠贝饰物、石斧和刀。某一部落交换有些货物有时实际上并不是为了使用，而仅仅是为了用它们去交换别的货物。很多这样的货物走得很远，西海岸上出产的珠贝，可以在离岸几百英里的内地见到。韦夫希尔一带的部落特有的一种飞镖，可以在北部二百多英里外的芬尼斯河和德利河的部落中见到。[③] 现在很多在欧洲出产的货物也是这样沿着“默博克”交易路线进行交易的。

“默博克”交易和新几内亚的集市一样，交易的双方是固定的，都是亲戚。交易时很少发生龃龉。这种交易还含有一种意义，交易并不是单单为了实利的目的，得到一个交易对手就表明一个人的社会地位提高了一步。某人暂时拥有一些物品即使他自己不用，也能使他感到满足，特别是当他可以用这些物品向别人交换别的物品的时候。而且，送一件礼物给别人是一种友谊的表示，还可以用以增强在其他方面很有价值的社会关系。但是维持“默博克”交易者的地位并不总是一件容易的事。例如，一个交易者往往必须决定他是否要把准备给他交易对手的货物挪作他用，如办家里的婚事或为外甥举行成人典礼。如果他把货物挪用了，他就一定要很快地另外找一份相当的货物，否则他的对手就要发怒，或说坏话，或施巫术，甚至会要求决斗。（在“库拉”交易中也有类似的问题。）

在大洋洲的很多民族中经常利用办喜事或丧事的机会来进行复杂的货物交换。在他们看来若没有这些交换就不能充分表达他们应有的感情。大量的货物就在这样的情况下转了手。霍格宾在所罗门群岛的翁通爪哇岛上曾见到一次订婚仪式。男方的父亲送女方父母一万六千个椰子和十大篮干鱼。这一宗礼物增加了男方父亲的声誉。但是几个星期以后，当另一个人为他的儿子订婚送人一万七千个椰子时，却被别人说成是沽名钓誉。他感到自己被人看不起，只好到别的岛上去避了好几个月。有时习俗规定新郎家送新娘家的东西不能和女家送男家的东西相同。例如在萨摩亚，新郎的亲属送独木船、猪和其他食品（总称作“奥洛阿”），新娘的亲属回礼时却送美丽的用手工做成的细草席（称作“通加”）。毛利人中有地位的人家联姻时，互相交换家传的宝物，作为向后代表示两个高贵家庭结合的纪念品。许多年以后，如果送礼的那家有人去世，受礼的一方会把这个家传宝物（如贵重的项链）送回给赠礼的那家。这叫作“罗伊马塔”，意思是“眼泪”。这个名称说明，毛利人善于形象描述。有时这类交易是为了功利的目的，一方供给另一方的是他们以前没有的物品。更多的情况是，交易中的收获与其说是有用的物品，不如说是交易本身的社会价值。

我们已经说过货币并不是许多非工业经济体系的特征。然而“原始通货”或“原始货币”的名称却一直使用得很普遍。它们是指多种有价值的东西，例如：尼科巴群岛上的椰子，非洲的贝壳、锄和标枪头，新赫布里底群岛、所罗门群岛和新几内亚的猪和贝壳串，瓜达卡纳尔岛的盾，圣克鲁斯的红羽毛圈，斐济的鲸牙，婆罗洲的蜜蜡，缅甸的玻璃瓶。这些东西能说是货币么？我们已经说过，货币的功能按照通常的说法是充当交易的媒介和衡量货物的价值。从这个观点来说，上述那些东西中有些是有这些功能的。我们听说，尼科巴群岛上的椰子一度曾起过货币的作用。一打针换十二个椰子，一打火柴换二十四个椰子，一块红布换一千六百个椰子。而且，虽然偿付不一定用椰子，但它们确实是作为衡量价值的计量单位。一只比赛用的船值三万五千个椰子。不过这仅仅是用来衡量它的价值。偿付的是布匹、珠串和工具，这些东西都是用椰子数来表示价值的。印度货币的价值也曾经用尼科巴岛的椰子数来表示。一个二角币值十六个椰子，一个卢比值一百个椰子。由于一个二角币值八分之一卢比，因此看起来似乎尼科巴人的兑换率不准确。但是二角币除了当货币外，还可用作装饰品，而一个卢比仅仅是一枚硬币，从个人装饰来说，一个卢比不如八枚二角币贵重。这就是说，硬币不只是货币，它的价值还受其他用途的影响，这里真正的客观价值标准是椰子。在非洲的许多地方，贝壳具有和货币相同的作用。

另一方面，类似羽毛圈、盾牌、垫席和鲸牙的东西不能归入原始货币中去。它们是交易中的重要货物，但是它们的交流不能促进其他货物的交易，它们不是其他货物交换时计算价值的标准。在南洋群岛一带，常见到猪的交易，而且拥有猪的多少可以说明一个人的财富，但是猪不能被称为货币。例如在马勒库拉岛，人们把猪看得宝贵是因为猪牙的价值高，而且猪牙的质量比重量重要得多。母猪不被人们重视，只被当作适合妇女和孩子们用的食品。在公猪幼小时就把它上颌的两枚犬齿拔掉，这样它下颌的两枚犬齿就可以长得又长又弯，弯曲得刺破了颌，有时甚至弯成一圈后还继续长。公猪的价值分好几等，等级由猪牙长到什么程度来决定。每一等级都有名字和它的专门用途。在宴会上呈献或屠宰长着高等级牙齿的猪时，要打特殊的锣点。举行重要的仪式，一律要屠宰猪，还有借让猪和交换猪等项目。在一次宴会上可能成交一百到一百五十头猪。虽然这种牲畜在社会上这么重要，虽然它有各种等级的价值而且人们用它们进行赊购交易，但在严格的经济学意义上它仍不能被称为货币。值得注意的是，在那些没有货币体系的地方，人们同样能够管理相当复杂的经济体系，他们有价值标

准，能够交换大量的货物。

对西太平洋上人们惯用的贝壳串则更难作这种分类。马林诺夫斯基曾说，除非我们见到土人们在交易的过程中需要用一种东西来作为通用的交易媒介和价值标准，否则我们不宜肯定地把这种东西说成是“原始货币”。他正确地指出，在“库拉”集市中用于交换的价值很高的贝壳饰物，从来没有当货币用过。它们是财富，在它们身上联系着人们复杂的感情：由竞争的愿望和在仪式中使用它们所产生的感情，但是它们不是货币。

可是在所罗门群岛和班克斯群岛上贝壳串有时却起着货币的作用。特恩沃尔德曾写道，在布因贝壳串被用作交易的媒介，六英尺长的贝壳串值一先令。在古代，标枪、弓箭、石斧和蛤壳臂镯常是用这种贝壳串进行买卖的；直到不久前，渔网、袋子、花帽、梳子、装石灰的竹篓、土烟和欧洲货还都用贝壳串进行自由买卖。他们没有市场，交易是在某种集会中个人之间进行的。他们也很看重猪，认为它是一个人财富的标志，也是宴会上主要的食品，猪的买卖也是用这种贝壳串来计算的——从十串、二十串到一百串。特恩沃尔德说，实际上他们用的是“猪本位的货币”，因为贝壳的价值在很大程度上在于它能换猪，猪是宴会的基本要素，因此它是社会和经济生活的枢纽。

在新几内亚东南方的罗塞尔岛上还有一种很有趣的交易体系，阿姆斯特朗对此曾加以记录。在这个岛上有两类贝壳：一类叫“达普”，另一类叫“柯”。“达普”一类里有二十二个等级，每一级有一个名字并包含一些纯红色的三角形的贝壳片。从第十五级起到第二十二级，每一枚贝壳都有自己的名字；一共有八十一枚，人们知道每一枚的经济价值。“柯”是以十枚蛤壳组成的单位，一共有十六级。第一级的名字和“达普”第七级的名字一样，因此第十六级的“柯”和第二十二级的“达普”名字相同，但它们的价值却不相等，它们不能互相交换。在每一类中，某一级贝壳的价值和比它低一级贝壳的价值成比例，这种比例是由必须用高一级贝壳偿还的低一级贝壳的借用时间决定的。例如，借出第七级的“达普”一枚，隔几天偿还时就要还第八级的“达普”一枚；若是过了几个星期，偿还时就要给第九级或第十级的“达普”。这些贝壳流动得很快。它们被用来买东西，或是被借来买东西，过一段时间后由借贷的人按上述比例偿还。那里也有经纪人，他们借出贝壳并收回价值较高的贝壳。

虽然人们大量使用这些贝壳，许多货物的价值可以用它们来衡量，但它们仍然不具有我们社会里的货币所具有的普遍的适用性。使用价值最高的贝壳必须有仪式。当一个人把第十八级的“达普”交给另一人时，双方都要蹲下来向这个贝壳表示敬意。第十九级到第二十二级的“达普”是很神圣的，据说它们不能遇到日光，所以总是把它们包裹起来。只有酋长才能拥有这些神圣的贝壳，它们只是用作债款的抵押品。第二十二级“达普”一共只有七枚，按父系传袭，拥有这种贝壳的酋长显然是岛上最重要的人物。“达普”和“柯”与我们的各种金属硬币不同，它们之间不可以互相交换。“柯”在一定程度上是妇女使用的货币。价值较高的贝壳各有特色和专名。阿姆斯特朗认为这些贝壳确实是严格意义上的货币。他说，这不仅因为它们被当作交易的媒介和衡量价值的标准，而且因为人们不把它们用于别处，甚至不作为装饰品或把它在人前炫耀。但他的这个看法能否被接受还是问题。近来的实地研究表明这个交易体系比阿姆斯特朗了解到的更复杂，按借用时间计算的偿还比例也不那么精确。当人们为特殊的仪式目的使用贝壳时，等级最高的贝壳本身就被认为是财富，甚至是比货币还要宝贵的东西。

在没有真正货币的社会中，货物的价值如何决定？它们究竟是否真正有价值？要回答这些问题，就要看看我们赋予“价值”的含义是什么。我们也许可以说，除了物品和人以及人的需要的关系，物品本身并没有内在的价值。首先，如果我们认为价值就是“价格”，那么在无货币的社会中，价值就是无法衡量的。其次，如果我们把价值视作制造东西的成本，那我们也无法衡量这个不用货币表示的价值，因为相对的成本费用只能大致地计算。以前提出的劳动成本的价值理论没有多大意义，因为时间的消耗、工作和消遣的分界，都不能有精确的计算，技工和非技工之间也没有明确的区分。总之，成本不能作为不用货币表示的价值的标记，因为人们对物品需求的原因往往与生产它们的困难无关。在我们的买卖经济社会中，价值一般是指交换价值。但在很多前工业社会中，上文已说过，并不是所有的东西部准备用于交换，也没有媒介物可以表示要交换的物品的相对的价值。所以一个纯粹的经济学者可能会认为在许多前工业社会中不存在“经济学上的价值”。然而看起来，在这种社会里都不是仅仅根据不同物品的直接的实际用途来确定它们的价值的。对物品价值所做的某种比较通常是在有限的交易中或前面已经介绍过的仪式中进行的。从他们的选择来看，似乎存在一种比个人爱好更普遍的选择标准。因此，一个澳洲土

著人肯定会认为贝壳吊带比发带价值高；一个波利尼西亚人肯定会对独木船比对树皮布看得重；而在一个非洲人看来，肯定是牛比羊好。因此，我们可以说土著人有某种衡量实利或需求的尺度，尽管这个尺度不是很精确的，也没有办法以一种东西来确切地表示另一种东西的价值（在技术发展程度最低的文化中尤其如此）。

注　　释

① *Principles of Economics*，P. 213（8th edn，1922）.

② 毛利人从前用许多谚语来激励懒惰的人，表扬勤快的人。

③ 有些人以为每个澳洲土著人都使用飞镖，因此有必要指出，德利河一带的部落民把飞镖当作一种交易的物品，但是并不使用它们。

第四章　社会结构的某些原则

社区生活，是指把人们的个人利益加以组织，使他们相互的行为协调，以及把人们组织起来从事共同的活动。由此而产生的人和人之间的关系可以说是有计划的或成体系的，我们可以称它为社会结构。这套关系在实际活动中对于个人生活和社会性质的影响，可以称为社会功能。社会结构和社会功能相当于生物机体的组织和生理，虽然研究时不能把二者分开。这种类比并不十分确切，因为构成人类社会的个人比一个生物机体的细胞流动性要大得多，也更复杂。但是这个类比还是有用的。[①]

一个社区的社会结构包括当地人民组成的各种群体和他们所参加的各种制度。我们所说的制度，是指一套社会关系，这套关系是由一群人为了要达到一个社会目的而共同活动所引起的。我们可以看到，作为群体和制度的社会结构都是以一定的原则为基础的。性别、年龄、地域、亲属，是一切人类社会结构的最基本的原则。我们要知道这些组合的原则如何起作用，最好是从研究非工业社会入手，因为它们的规模小，组织简单，不像我们的工业社会那样又大又复杂。

首先看两性区别。男子和妇女的区别可以从他们不同的衣着、名字和日常习惯看出来。在经济范围内也可以看到两性的分工。在非工业社会中，打猎、捕鱼、木工、金工和畜牧经常是男子做的工作，而家务、育儿、从事农业生产和缝制衣服一般是妇女的工作。在男女共同从事农业生产的地方，男子总是做较重的工作如挖地，然后由女子做管理和锄草等较轻的工作。在渔区，女子用小渔网下海捕鱼和在岸边捕捉鱼和蟹，而男子却使用多种工具，尤其是驾驶独木船离岸到深海区去捕鱼。没有一个男子愿意使用妇女的小渔网——虽然小渔网是男子结的——也没有一个妇女被允许驾驶独木船去打鱼。

两性的区别不仅是一个对衣着和分工的看法问题。不但存在便利性和习惯的问题，而且人们认为事情就应当是这样，这样一来情况就复杂了。如果有男子或妇女不遵从习俗，特别是想采取异性的行为，就会引起人们强烈的反应，耻笑、愤怒，以至宗教情绪。在人们比较自觉比较理智的地区，男女不同的思想是由于人们认为两性在心理上有差别。许多社会不是这样从理性上解释对待两性的不同态度，而只是说这是由于传统的原因。有时传统的规则使妇女无能为力。但是这种限制往往只是在表面上的，在实际中没有在表面上那么严重。不论名义上妇女的社会地位如何，实际上妇女在社会上起着相当大的作用。例如在一个据说妇女不知道神圣传说的地方，当一位丈夫谈论这种传说时，我听到他妻子常常在旁提示。再比如，有些地方，不准妇女参与某些特别的社会组织的事，如在非洲西部的新赫布里底群岛不许女子参加男子的秘密集会，但是那里的妇女也有自己的秘密组织，不准男子参加。

在任何一种人类社会中，都会有两性的社会差别，这些差别归根到底可能和妇女生育孩子的生物职能有关。妇女在生理上的特

殊功能，可能引起她们心理上的差别，不过关于这一点，我们还缺乏证据。但是，和人类其他许多规则一样，男女两性的行为差别和最初的情况相去很远。从某种意义上说，现有的社会习俗更多地是在造成两性差别，而不是把差别表现出来。下列事实可以说明这一点。在某社会认为女子应有的行为，在另一社会里却恰恰相反。以头发长度为例，在英国，头发是女子最大的骄傲，她的头发总是比她丈夫的或是兄弟的长。但在蒂科皮亚，习俗是妇女们把头发齐根剪去，而男子们，尤其是青少年，头发却长长地拖到背上。这种习俗不仅仅是表示人们的好恶和习惯，还和他们的跳舞及哀悼有关。他们最喜欢的舞蹈是“独木船船头舞”，跳舞的人把头左右摆动，他的头发像浪花一样一起一伏，好像独木船在海面上破浪前进。青少年男子以他们的长发而自豪。[2]当有亲人去世时，他们为哀悼所作的最大的牺牲就是剪短他们的头发。在哀悼期间，跳舞是禁止的，所以短发和社会禁忌是联系在一起的。像这样两性在习俗上的区别，尽管最初是由人武断地决定的，但如果用它所在社会的特殊习俗来解释，仍是可以理解的。

年龄是某些社会区别和分层的基础。在波利尼西亚，尊重老年人是社会生活的基本原则。他们有句谚语：“尊重我——下山的夕阳，枯倒的树木，饱受海水冲击的人。”当一个毛利族老人这样说时，他就可以得到比他不这样说时多得多的优待。尊重老年人是中国社会著名的特点。在澳洲土著居民中可以见到年长者管束青少年的情况。在成年礼中，长者给青少年以严峻的考验。长者有较多的知识，经常对青少年给以指导。这些就是在他们的社会生活中的年龄原则。对亲属的称呼也要着重表示年龄的区别，辈分

(如父与子)一点也不能混乱。他们有常设的长老会,或作为酋长的参谋,或掌握部落的最高权力,在那里,年龄和经验联系在一起的重要性随处可见。

有很多社会,和我们西方社会一样,以年龄的原则来组合人群是不很严格的。但在有些非工业社会里,却有一种叫作年龄等级的制度,成为他们社会结构的组成部分。北美洲平原的印第安人和非洲东部的一些部落尤其是这样。我们以霍利斯调查的肯尼亚的南迪人为例。霍利斯写道,在1909年,南迪族的男子分为七级,各级的人相差不到十岁。在东非部落中最重大的事件是成年典礼,人们在这个典礼上进入年龄等级。在南迪人中,成人典礼每隔七八年举行一次,十岁到二十岁的男孩子和青年男子都可以参加,实际上参加的人大多数在十五岁到十九岁之间。未参加过成年典礼的男孩子属于第一级,这一级不能与其他各级相提并论。在成人典礼上,这些孩子要受割礼,要被刺人的荨麻鞭打,要把大黄蜂放在他们的背上以考验他们的勇气。以后,再教育他们怎样做战士。同年受礼的人属于同一级,或确切些说属于同一辈,一辈人有一定的名称、标志和饰物。一个人和他的同辈一起度过他的一生,他们做同样的事,有相同的社会地位,享受同样的权利。结婚之后,他要对同辈人表示特别的友好,甚至让他和他的妻子同宿——这种待遇不给其他"辈分"的人。每辈人又进一步分为三等,称为"火"。"火"也是按年龄划分的,各"火"的宿营地是分开的。低辈的人做战士;他们结婚后,就把任务交给后来者,自己做部落里日常的工作,包括生育;然后,他们成为长者,负责提出和维护法律。作为战士,年轻人可以和女人发生正常的性关系,但是不能结婚,

也不能生孩子。每隔七八年——约在举行成年礼四年以后——南迪人要举行一种由年长者向低辈的战士“移交国家”的典礼。典礼上要宰一头白色的阉牛献祭。退出战士生活的一辈人,脱下他们的外套,穿上长者的衣服。长者庄严地向开始掌权的战士宣告:父老和人民的土地由他们来负责保卫了。

年龄等级实际上并不是完全按照年龄划分的,常有一些重叠的情形。有钱的孤儿和老年人的儿子可能早一些受礼。而有些孩子却要等很长时间。“年龄等级”这个一般性名词可能引起误解。人们并不像学校里的学生升级那样可以一级一级地升上去。一个人加入了哪一级,就永远在哪一级中拥有那一级的名字、标志以及一切;改变的只是他们在社会里扮演的角色。

从全局来看,在这些部落中,年龄等级体系所起的作用是以公开的、正式的形式把辈分分开,使以年龄长幼为根据的某种重要的社会组合以及行为准则制度化。它规定年长的要受到尊重,年幼的要受到训练;它规定了两性关系和结婚的时间;它建立起专为战争的组织,而且制定了一种为保障对外安全定期移交责任的办法。

在草原印第安人中,有五个部落是按年龄组合的。它们是:希达察人、曼丹人、阿拉帕霍人、格罗斯文特人和黑脚人。在希达察部中,有大约十二个年龄组。它们都有名称,如石斧、小狗、小猫狸、剃半边头和黑嘴等。各组有自己的标志和徽章、特别的舞蹈,以及特有的职责和权利。如石斧组有权在公开声明之后偷食物,黑嘴组当警察。大多数组都鼓励其成员勇敢善战。每个组的成员资格,或更恰当地说,每个组的所有权,是由同年龄组的一群人向较年长的一群人购买来的。显然年长的绝不会向年轻的购买组的所有权。买者和卖者在仪式上处于“子辈”与“父辈”的地位。

在这些地方，一个人年龄增长了就要进入年长一级的组。人们对进入高一级年龄组的愿望是很强烈的。他们认为一个人应当和同年的人在一个年龄组里。但是这里和东非部落中的年龄组不同，在这里一定的年龄并不同一定的组相联系，组的成员资格是买来的，而不是由年龄决定的。事实表明，如果一个组的老组员一定要得到很高的代价才肯出让成员资格，或比他们年轻的人不愿意买，老组员就要保留组员资格若干年，他们甚至可能另外去购买一个组员资格。我们在这里说的年龄等级，只能大体上指出一般的情况或次序。这种阶梯具有伸缩性，并不是刻板不变的。实行按年龄原则分组是为了把人们组织在一起，共同购买组员资格并享有特别的饰物和权利。

在美拉尼西亚的一些地方，有些组织有复杂的等级体系，从表面上看它们和上述的情形有相似之处。但是它们主要不是按照年龄组合的，它们基本上是以财富来表示等级和特权。

以居处相同作为组合基础的情形是极其普遍的。在较小的单位中，如家庭、游牧者的帐篷、定居点或小村子，人们朝夕相处，使他们必然共同劳作，共同娱乐，而且对许多共同的问题采取一致的态度。但是，虽然地域的联系是强有力的，可以产生并维持人类群体，但这种联系通常要靠其他联系如血缘联系来加强它的力量。

在许多非工业社会中，在很大程度上靠地域的联系而组成的单位，就是部落。部落是指具有某种文化制度的一个群体，也就是说，正式占据一块共同的领土，说共同的语言，特别是具有一套共同的传统和制度，以及从属于一个政府。但是有时很难确定两个历史上互相关联的群体是一个部落的两支，还是两个部落。

在前工业的狩猎和农业社会中，共同居住和共有土地是一种重要的联系。地方观念常很重。要让澳洲西部的牧羊人把羊群赶到他们自己的地区以外去是很困难的。外出旅行的人临死前常表示愿意葬在他们自己的土地上。在毛利族的历史上，曾有好几次酋长说一句“让我死在自己的土地上”，就能使他重整部队，打退敌人。

另一个组成社会群体的最重要的原则是亲属关系。亲属关系可以定义为因血统和婚姻而产生的联系，或更确切地说，是指根据世系关系建立的社会联系体系。也就是由合法的两性结合及后代的繁衍所产生的结果。认为亲属关系是一种重要的联系的观点在很多方面可以看到。很多种类的社会群体是靠亲属关系来结合的。其他经济或政治性质的群体，也在很大程度上靠亲属关系来加强它们的效力，而且从亲属关系中又产生最强烈的道德观念。作为一种亲属感情的母爱，就是最明显的例子。

亲属关系在社会生活中最大的影响是通过家庭表现出来的。平常“家庭”一词可以有几种不同的意思。但是社会学者或人类学者使用这个词，是指父母和子女构成的小群体。一个家庭应当有父亲、母亲和子女，否则就不能算是一个完整的家庭。银幕上和舞台上的“永恒的三角”是二男一女（近来也有二女一男的）在感情上的冲突。在人类学者看来，真正“永恒的三角”是由共同感情结合起来的孩子和他的父亲、母亲，即“基本家庭”。

在任何经科学研究过的人类社会中，家庭组织总是基本的单位。即使在俾格米人和其他一些只具有简单技术的民族中，也是如此。有时这种基本单位被当地风俗所掩盖，以致使观察者推断出男女乱交、群婚和公共抚育儿童等情况。这些情况据说存在于澳洲的土著部落中。但是马林诺夫斯基、拉德克利夫-布朗，以及后来的其他学者的考察指出，即使在两性生活最不正常的地方，我们所理解的真正的家庭生活依然存在。③

家庭这个人类组织普遍存在的原因，是很容易明白的。家庭产生于生物的和社会的需要，首先是怀孕的妇女，其次是母亲和孩子，都需要这种社会组织。单单生物的需要还不能完全讲清楚家庭存在的原因。和其他动物相比，人的生长成熟需要长得多的时间，因此，受教育的时期也要长一些。做父母的人最有价值的功能就是把他们所属的群体的大量的文化传统通过示范和教育传授给他们的子女。至今不论托儿所还是优良的学校在这个功能上都不能完全替代家庭的地位。心理学的研究也越来越发现儿童在婴儿时期所受的影响的重要性。毫无疑问，任何地方的人类社会在发现这一点之前，就把这个重要的工作交给家庭来负担。我们也许可以换一句话说：社会本身是在家庭这个组织的基础上建立的。

我们必须区分家庭的基本结构和它的外部形式。在一切社会中组成家庭的成分都是相同的：由互助和感情而紧密结合起来的父母和子女。但是组成家庭的背景常常有很大的差别。婚姻的形式、家庭内权力的分配、居住的方式、家系的传递、父母子女关系的概念、收养和离婚的习惯、较大亲属群体如氏族是否存在，这些都会使易变的家庭生活必然形成不同的样式。

让我们先讨论婚姻形式。我们欧洲人习惯于一夫一妻制的婚姻类型，这是由法律和基督教道德规定的，因此我们往往不能理解世界上有很多地方存在着不同的婚姻类型，这些类型并不是背离一夫一妻制的观念，而是他们各有自己的观念。

在信奉回教的国家，在中国，在不信基督教的非洲的许多地方，以及在大洋洲，多妻制很普遍。但是并不是所有的人都是这样，有钱的人才能多妻，穷人不能。我们反对多妻制主要是对一个男子同时和几个女子发生永久的性关系这件事反感。在我们的社会中有这种事是不能公开的。但是如果把多妻制只看作是两性关系，那是对这种婚姻类型不理解。

在非洲社会中实行多妻制的根本原因，可以从坦桑尼亚的两个部落的习俗上看到，一个是戈弗雷·威尔逊研究的尼亚库萨人，另一个是戈登·布朗研究的赫赫人。这两个部落都实行多妻制。在尼亚库萨人中，娶一个以上妻子的，大多是四十五岁以上的男子。根据1936年税务局的登记，在某地的3,000名男子中，有34%未婚，37%娶一个妻子，29%娶一个以上妻子。在被调查的4,000多个赫赫人纳税男子中，有25%未婚，46%娶一个妻子，28%娶一个以上妻子。在赫赫人中，平均每100个已婚男子有153个配偶；这应归于妇女多于男子，以及妇女早婚。在这两个部落中，传统上多妻制一直被视为一种理想的方式，人们认为为此多花费一些是值得的。那里的人民接受多妻制的原因首先是性的满足。这并不是好色，可以说是为了满足正常的欲望。因为妻子生了孩子之后，在几个月内，夫妇是禁止过性生活的。在尼亚库萨人中，做母亲的要到孩子断奶以后才能再怀孕，而孩子的哺乳期要有两三年。在这个时期，夫妇只能过采取避孕措施的性生活。因此做丈夫的若是有能力，就要再娶一个妻子。但是性的需要只是原因之一，而且往往不是最重要的原因。多妻可以多得儿女，这是男女双方都希望的事。此外还有经济的原因。一个男子多娶一个妻子，就多一个人为他干活。在一个没有雇佣工人的社会里，这是一件值得重视的事情。在赫赫人中，一个男子如果娶得起一群妻子，他就可以不干劳累的农活儿了。娶妻多，劳力多，他的财富就多，他在社会上的声望也因此提高。他有能力经常招待客人，在社会上自然受人尊重。而且，在上述的两个部落中，一个女子出嫁时，她父亲可以从女婿那里得到牲口，因此在实行多妻制的地方，男子增多自己的牲口的机会也比实行一夫一妻制的多。

但是多妻制婚姻并不只是对男子有利。如果女子多于男子，如赫赫人那样，在多妻制之下，女子就都有机会结婚，而不至于陷入第一次世界大战之后那么多英国妇女所陷入的那种困境。多妻制也被妇女所接受，可以从她们自愿嫁给有妻子的男子这一事实看到。在尼亚库萨人中，一个男子娶他的第一个妻子的姐妹或侄女的事是很普遍的（这种习俗称为“续娶妻姐妹婚”）。他这样做是对他妻子和妻子的家属表示的最大敬意，因为这表明他对她们满意。但是如果妻子不同意，他就不能娶她的姐妹或亲戚。所以她的同意也是表示对丈夫的敬意。在一些非工业社会中，常有妻子主动要求丈夫再娶一个女人，以分担她的家务劳动。

多妻婚姻的家庭生活是什么样呢？虽然妻子和子女多了，家庭的圈子不免扩大，但是各房的孩子们和他们的母亲都有他们自己的个性特征和亲密关系。孩子们并不是由妻子们共同照管，而是由各个妻子哺育她自己的孩子，而且她对自己的孩子有法定的权利。丈夫好像是许多三角形的共同的顶点，各个三角形的底部都是一个妻子和她的孩子。我们可以说,一个多妻家庭就是有一个共同父亲的几个单独的家庭。各个妻子一般都有自己的房屋,丈夫轮流住在各个妻子的住所,这在非洲更为常见。在赫赫人中,当父亲的不论娶多少妻子,都对他的每一个子女负责:他是一家之主,是所有子女的保护人,甚至在女儿出嫁之后,他还是要照管她;他在经济上有责任帮助他的儿子弄到结婚时必需的牲口;他的女儿离婚时,他要把女儿结婚时得到的牲口归还男家;他死时要把他的家族名称和财产传给他的儿子们。每一个母亲由于他而获得对自己所生子女的权利和责任。她必须照料子女;她有权把小的孩子带在身边,如果丈夫要大孩子们和她分开住,她有权去看望他们;女儿的婚事必须征得她的同意,她还可以分得男家送来的牲口的1/3。另一方面她要负责筹划她儿子送给新娘的牲口的1/3——虽然这份牲口常由她的兄弟代筹。

一妻多夫制(一个女子同时有几个丈夫)远不如一夫多妻制(一个男子同时有几个妻子)那样普遍。但是在实行一妻多夫制的地方,家庭生活也和上述的情形一样。按照传统,在印度南部尼尔吉里山的托达人中,一个妇女如果和一个男子结婚,她同时就自然成为这个男子的兄弟们的妻子。当她怀孕时,年龄最大的兄弟就送给她一把弓箭,表示他是即将出生的孩子的父亲。其他的兄弟据说也被认为是这孩子的父亲。但是如果他们中间有人离开了这个妇女,另外建立了家庭,他就失去了做父亲的权利。此外还有少数情况是同娶一个妻子的丈夫们并不是兄弟。他们事先商妥由谁举行赠送弓箭的仪式,这个丈夫在一切社会事务中都是那个孩子的父亲。以后出生的孩子也都属于他,而不管事实上或猜想中谁是生父，一直要等到另一个丈夫举行同样的仪式后，再出生的孩子才属于那个丈夫。结果就是几个单独的家庭共有一个妻子和母亲。父亲的身份取决于赠送弓箭仪式，所以只要没有另一个丈夫举行赠送弓箭的仪式，即使一个已死的丈夫，也可以继续不断地有他的儿女出生。

这个例子提出一个问题：不同民族对父母身份的观念是怎样的呢？母亲和子女的生理联系是很明显的——孩子是从妇女的身体内生出来的。可是对这个联系的生物学上的性质却有不同的说法。比如，有些民族不很明了妇女在受孕的过程中究竟起了什么作用，不明白怀孕是从何时开始的。还有，社会性的母亲身份（包括照管孩子），可以和生物性的母亲身份不同。有些地方，孩子首先要服从他父亲的正妻，然后才服从他自己的生母。在父子关系中，社会性和生物性的区别更显著。在欧洲，我们认为，孩子的生父是他的社会性的父亲，除非孩子是收养的。但是有些社会却并不是这样。比如托达人注重以弓箭仪式来决定谁是孩子的社会性的父亲，对孩子是谁生的，却不大理会。非洲的很多民族也是这样。从社会的观点，也就是从职权的观点来说，孩子的父亲要负责孩子的教育，在孩子结婚时负责收礼或送礼，以及把财产传给他们。孩子的父亲就是和他的母亲结婚的男子，有时是那个通过送牲口而获得这些社会权利的男子。他不一定是这孩子实际上的生身父亲。

在澳洲土著居民和新几内亚的特罗布里恩德人中可以见到社会性父亲身份的观念和生物性父亲身份的观念脱离的最极端的例子。特罗布里恩德人不但完全不注意男子在生育孩子中有什么责

任，而且实际上否认男子与生育有任何关系。在他们看来，性交纯粹为了快乐，女子受孕是由于她们祖先的精灵带给她们小精灵。男子所能做的只是“开一条路”，让孩子出世，即使有这个作用，男子在理论上也是不必要的。[④]对这种似乎很奇怪的看法，马林诺夫斯基曾经提供详细的证明，以后又经福琼和利奥·奥斯汀核实过。但是，对于特罗布里恩德人的这些说法究竟有什么实际意义和象征意义，人类学家们至今仍有争议。但是，特罗布里恩德人这样断然否认父亲在生育中的作用可能和他们十分重视母系血统与继承有关。这样，我们似乎可以设想，在这种社会中，有一种不完全的家庭——只有母亲和她的子女，而没有在我们看来是孩子幸福所必需的父亲。可是特罗布里恩德人一方面极力否认有生物性的父亲，另一方面却又承认社会性父亲是极重要的。用他们的语言来说，一个女子的丈夫是她孩子的“陌生人”。但是，事实上，他是他们的保姆，是他们的保护人，也是他们的好朋友；孩子的教育大部分是由他负担的；他送给孩子们各色各样的礼物，甚至不惜损害他的合法继承人——自己的外甥的利益。在他们看来，一个未婚女子怀了孩子是件坏事，因为这孩子将没有一个男子来“抱他”。

在现代社会中，亲属联系和经济及政治的联系相比，对大规模的联系来说是不太重要的。而在非工业社会中，亲属关系经常是最重要的联系。在这些社会中，经济合作、政治团结、宗教集会，都以亲属关系为基础；他们社会中的许多礼节规范是关于亲属间应有的行为的。在如澳洲土著居民那样的社会中，人们与两百英里之外的群体之间都有亲属联系，在那里会有人招待他们，保护他们，并在商业上帮助他们。在马来西亚沿海岸的大规模农民社区中，我发现那里有亲属关系的为数不多，但是在蒂科皮亚岛，岛上一共有1,300多人，他们组成一个亲属群体，我在那里找不出两个没有一点亲属关系的人。

任何一个群体要能生存，必须具有一套能使它延续的规定——人们出生以后，必须根据某些原则结合到群体中去；人们死后，他们所有的东西，必须按规定传给后人。一个人获得亲属群体的成员资格称作嗣续；他获得社会地位和特权称作传袭；他从死者那里获得财产称作继承。不论是群体的成员资格，还是社会地位或财产，都可以来自父方、母方，或父母双方。凡是只从父方或母方，即只从家庭的一方获得的，这种原则被称为单系制；凡是同时从家庭的父母双方获得的，这种原则被称为双系制。这些原则一般是不变的，每一代人都这样往下传。但是在有些情况下，由于居住或其他方面的原因，实行双系制的群体只能以一方世系为标准，尽管他们的后代又可能改为以另一方世系为标准。我把这种原则称为可变双系制。亲属关系本身总是双系的，就是说，整个亲属关系通常包括父亲（父系）和母亲（母系）两方面的亲属关系。当我们谈到按祖先的世系保持群体利益和继承权利的时候，我们使用单系制和双系制这两个术语。在只根据父亲一方亲属世系的地方，这种体制就称为父系制；只根据母亲一方亲属世系的地方，这种体制就是母系制。嗣续通常是单系的，传袭也是如此，虽然这两者并不总是遵循同一规则。继承主要是单系的，尽管它经常包含某些双系的成分。

在现代英国主要是遵循父系制的原则——人们从父亲的姓，名位传给儿子，没有儿子的，传给兄弟。财产，尤其是土地，必须按

男系继承。我们经常不假思索地认为这种原则是“自然”法则。其实没有什么内在的原因可以证明群体的延续和权利的继承一定不能根据母系。事实上，在形形色色的非工业社会中就有这样做的，在美拉尼西亚、北美洲、中非洲以及东南亚和印度的一些地方尤其如此。有时母系的原则，还伴随着一种从母居（从妻居）的体制，丈夫要到妻子那里去，并和她的亲属住在一起。这种母系原则的实施情况，可以在中非洲和美拉尼西亚两地看到。

赞比亚的本巴人的嗣续原则是母系制。一个男子加入他母亲的氏族，以母亲和舅舅的出生地为籍贯。他主要从母亲这方面认他的祖宗。具有酋长地位的男子所记住的祖宗，母系方面有十三代，而父系方面只有两代，这是典型的情况。传袭也是母系制。酋长地位先传给死者的弟弟，再传给他姐妹的儿子（外甥），然后再传给他姐妹女儿的子女。女酋长地位则先传给她的姐妹，再传给她们的女儿、外孙女。财产的继承方式只有几种，但是以前男子的弓是他的舅父传给他的。而现在，钱财总是传给子女，而不是外甥。以前，男子住在妻子的村子里；在结婚初期，他在那里的地位比妻子低。有了两三个孩子之后，他和他的妻子搬回自己的村子。但是在这以后出生的孩子，还是要送到外婆那里去养大。古时候，这些孩子都要听命于外公或舅父。他有权支配他们的服役，他甚至可以把他们作为奴隶送给别的氏族以抵偿他自己或他的亲属对那个氏族的伤害。

这里说的情形，和我们所习惯的社会结构类型很不相同。但是正如在我们的社会里，虽然以父系为主，但仍然有很多重要的社会关系是属于母系方面的，在实行母系制的社会中，父亲和他的亲

属也并没有被忽视。当人类学家说一个社会是父系制或母系制时，他们说的只是在这些社会中占主导地位的原则。奥德丽·理查兹在我们曾引用过的她的关于本巴族的报告中说得很明白，父亲在他的母系群体中占有很重要的位置。一个男子的姓是从父亲那里得来的，而不是从舅父那里得来的。而且在当地人的信仰中，男子和他的妻子及子女之间，有一种内在的神奇的联系，因此，在为幼年子女所举行的仪式中，父亲是重要的人物。在结婚后的头几年中，男子虽然住在一个陌生的村子里，他仍被看作他所生的孩子的所有者，而且是孩子的健康成长所必不可少的。孩子们对父亲的感情常很深厚，即使父母已经离婚，做儿女的长大后还是要长途跋涉去看他们的父亲，送给他礼物。从前，父亲对于子女甚至有明确的权利。女儿的婚事一定要和他商量；他有权分配收到的彩礼；女婿必须为他，而不是为他妻子的亲属做工。

近年来由于接触到欧洲文化，父亲的影响大大增强了。妻子儿女对布匹和其他欧洲货物的需求越来越多，做父亲的出外做工，可以有钱买这些东西送给孩子们，因此使他比以前更容易维持对子女的权利。男子们大批地到铜矿里去做工，为妻家服役和婚后住到妻子家的情况减少了。因此，妻子方面的亲属的影响削弱了。欧洲人对母系制的实际情况缺乏了解，对它有某种程度的偏见，也使这种制度不易保留。奥德丽·理查兹说："青年们认为从父亲的氏族，不从母亲的氏族，才更英国化，因此也才更时髦。有的传教士也明确鼓励这样的改变。"

无论何种制度，过分偏重家庭的一方面，都会引起不和。在本巴人中，我们看到权利和特权以前偏重在母系方面，现在偏重到父系方面来了。在特罗布里恩德人中，这两种偏重的冲突更为直接，甚至是在和欧洲文化没有任何接触的情况下发生的。最好的例子是马林诺夫斯基所叙述的酋长传袭及其含义。特罗布里恩德人的制度是这样的：一个女子结婚后，她的兄弟就必须每年给她丈夫送来大量食物。另一方面，虽然婚后妻子住在丈夫家，可是妻子的兄弟却是她和她子女的保护者，她的儿子是她兄弟的继承人。在图3中，A是酋长，他的酋长地位的合法承袭人是他姐妹的儿子A1。他要将氏族的统治权、他的独木船、贮甘薯的房屋和其他贵重的财产、巫术的知识，都传给他的外甥。可是，我们在前面曾经谈到父亲对自己儿子的爱。酋长或其他有地位的人总是想法把一切不必传给他合法继承者的东西留给他宠爱的儿子——比如村里新开辟的小块土地、打猎和捕鱼的特权、跳舞的优先地位，甚至一些家传的巫术。可是他给儿子的这些东西和特权时常引起他的外甥的怨恨，在他去世以后，这一切就不再属于他儿子了。由于这种怨恨而引起的他的儿子和外甥之间的矛盾是极普遍的。但是，通过一种被认可的婚姻，酋长可以帮助他的儿子保留这些利益，这就是表兄弟姐妹之间的婚姻。酋长A让他的儿子M1娶他姐妹的女儿a1为妻。这种婚姻的结果是他姐妹的儿子A1必须供养M1；而且按照他们的禁忌，男人是绝对不能干预他姐妹的两性关系的事的，这使酋长姐妹的儿子A1没有法子去反对这件婚事。（传统上这种婚姻时常是从小就订下的，他那时还不懂这是怎么一回事。）在这样的安排之下，酋长的儿子M1不但得到酋长姐妹之子A1经济上的帮助，而且他还有权得到A1的友好的对待。此外，他还可以住在他父亲的村子里，本来当A1来继承A时，他应当搬走。再进一层看，虽然酋长 A 的继承人是 A1，但是 A1 的继承人将是他自己姐妹的儿子 A2，即 M1 的儿子。结果在母系继承体系中插入了一种间断性的父系继承。表兄弟姐妹婚姻是父系和母系两种原则冲突的一种解决办法。（在特罗布里恩德人中这种婚姻是否常见，还是问题，但这个例子阐明了在其他地方这样实际安排亲属关系的理想类型。）

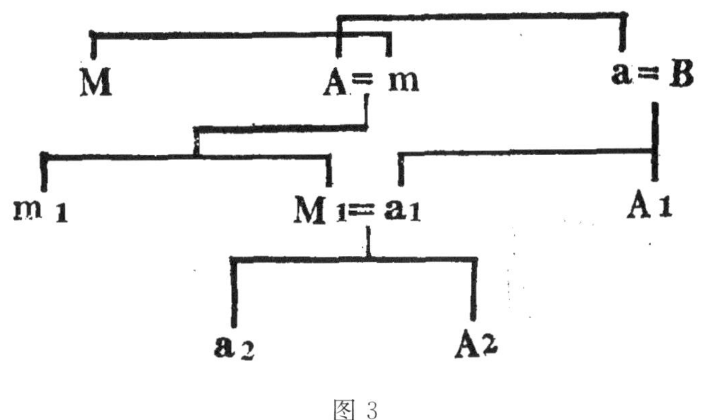

图 3

（大写字母指男性，小写字母指女性）

在上面讨论的事例中，我们已经提到比单个家庭规模较大的不同类型的亲属群体。这类规模较大的亲属群体在非工业社会中通常起着重要的作用。群体的成员经常在农作上互相合作；土地一般属于这些群体而不属于单个的家庭；群体之间可以通婚；他们向祖先提出共同的要求。这种群体的种类很多。在规模上，在群体成员必须遵守的嗣续原则上，在群体如何划分为小的、独立的单位上，以及在婚姻规则上都存在不同之处。人类学家对于这类群体的分类还没有完全一致的意见，《有关人类学的记录和疑问》一书（英国皇家人类学研究所，1951 年版）提出的一种方案能代表许多英国人类学家共同的意见。

在讨论亲属群体时，我们一定要分清两种情况。一种是由于个人的事情偶尔形成的集会，另一种是持续存在的统一体。前一种情况可以丧事为例，在丧事中，父亲的亲属、母亲的亲属、祖母的亲属、外祖母的亲属，都会来参加——根据双系原则。他们都是由于和某一个人的关系而互相有亲属关系，这个人就是人类学者常用的亲属关系表中的"自我"。现在这个人死了，他们就不会再以其他身份集合在一起形成一个群体。

另一种是世世代代延续下去的群体，作为社会上的一个独立单位，它保持着它实质上的独立性。有些成员死去了，可是又有了新的成员。这种群体通常是单系的，群体成员资格的取得或根据与父亲的关系，或根据与母亲的关系，而不是根据双方的关系。单系性群体的基本优点可能在于它们的经济的和社会的功能。土地的占有，以及名位、权力和财富的继承都是只按照母系或父系，即只按照单系继承更加便利。这样的亲属群体有两个重要的种类，一个是氏族，一个是世系。

氏族是社会中主要的单系继嗣群，是构成单系继嗣群体的单位。[5]体系中的各个氏族一般都有名称，并且用与自然物种有关的图腾作为象征以示相互区别。氏族通常在政治或仪式上起社团的作用，对社会生活有很大影响。氏族成员虽然可能彼此找不到家谱关系，但还是相互认作亲属。他们的关系一般是由族外通婚发生的——按规定，氏族成员必须与另外的氏族成员通婚。过去，人类学家在鉴定氏族体系时，曾武断地把族外婚当作一个关键的特征，并以此将氏族体系和其他较大的亲属单位系列区别开来。族外婚的规定加强了单系的原则，并使经济关系和仪式关系更加复杂，从而影响继嗣群的构成。有了族外婚规定，就不断有外来者参加家族群体。但是在其他社会中，非族外婚的继嗣群，不论是不是单系的，也起着族外婚继嗣群的作用。所以它们也可称作氏族。非洲、澳洲、美拉尼西亚和北美的许多地方都有氏族。据鉴定，中国也有氏族，但还没有完全确定。没有氏族组织的社会有：西方国家（除少数已不大起作用的氏族残余，如苏格兰的氏族）、许多东方文明国家以及一些最简单的原始社会，如安达曼人、马来西亚的塞诺伊人和塞芒人、爱斯基摩人、加利福尼亚的一些印第安人和火地岛人。还有很多社区如波利尼西亚人的很多部落和中非的一些部落，也没有氏族。（蒂科皮亚岛有非族外婚氏族的体系。）

世系，主要指继嗣线，现在也用来指单系的继嗣群。世系的成员都可以从系谱上追溯到他们共同的最早的祖先。如果世系是父系的（或男系的），成员由男子、男子的子女和姐妹组成，按男性追溯他们的祖先，一直到最早的男性祖先。如果世系是母系的，成员由女子、女子的子女和兄弟组成，按女性追溯他们的祖先，一直到最早的女性祖先。这样的群体一般实行族外婚。世系的群体总是要通过被称为分裂、衍生、分支等的分化过程产生亚群体。由于这些亚群体是从分支过程中产生出来的，所以被称作“亲支”，这个名称与一些世系体系使用的隐喻称呼有关联，即是把亲支比作树枝。（现在看来，以“亲支”来指这样一种世系的亲属群体更为恰当：这种世系是双系的或亲族的，就是说，该世系的成员是从一个共同的祖先继嗣下来的，但不是单按男系或女系继嗣，而且不实行族外婚。）人类学家曾想根据世系的大小、它在分支体系中的地位以及它的功能来分类。但至今还没有一致的分类标准。看来比较好的办法是,先简单地一般分为主要世系和次要世系两大类,再从需要出发,根据它的实际情况作进一步的分类。

在某种程度上,亲属关系和地区组织是一致的。基本家庭几乎总是家庭居处的最重要的组成部分。扩大的家庭中的成员经常聚居在一起,或住处紧密相连,在印度的马拉巴尔和其他地方现在仍常见的联合家庭即是一例。但是规模较大的亲属群体通常并不聚居在一起,而且禁止乱伦的规定使他们不可能完全排外。一个村子可能有几个氏族的成员,同一氏族的成员可能分居在很多村子里。因此我们往往发现,较小的亲属群体的功能主要在处理家庭事务和安排日常经济的合作上,而较大亲属群体的主要功能表现在典礼仪式上,如婚礼、成年礼、丧事和宗教仪式。

在没有单系亲属群体联合的地方(如中非、所罗门群岛、新几内亚等地),地区联合的原则是很重要的。一个村庄或一组小村子就是一个重要的社会单位,村民们自愿地从属于一个头人,他们之中有许多人(但绝不是全体)都和头人有血统关系。在有些地方,如东南亚和波利尼西亚的部分地区,有亲属群体的联合,但是这种群体不是单系的,通常由居住地决定一个人应当属于哪个亲属群体。

在亲属关系中有一种很特殊的现象,一些我们认为只适用于近亲的称谓却用得很广,有时甚至超出了氏族的范围。一个人不仅称呼他父亲的儿子为兄弟,而且可以这样来称呼他父亲的兄弟的儿子以及其他同辈的表兄弟,甚至凡是沾亲带故的同辈的男性都可以用这个称谓。这就是所谓亲属称谓的分类性体系。还必须立即说明，虽然同一称谓适用于一大批人，但这并不是说，被称呼的人和说话的人有同样的关系。例如一个人对他父亲的儿子和氏族内的同辈男子都称“兄弟”，他心里很明白这些人和他的关系是不同的，而且他能把它说清楚。当地语言中常用“真正的兄弟”或“亲兄弟”之类的称谓来分别近亲和远亲。而且一个人对待亲兄弟和同氏族的兄弟在许多方面是很不相同的。他愿意向亲兄弟借东西，他会随便和亲兄弟开玩笑，和他谈家庭内部的事，愿意给他帮忙。在他的亲兄弟死后，他会更深切地哀悼他。

分类性的亲属称谓常有奇怪的用法。有些地方有这样的习俗，一个人称他姑母的儿子（即他的表兄弟）为“父亲”，这位表兄弟则反过来称他为“儿子”。以前有一种学说，认为这是出于古代的一种婚姻制度：爸爸的姐妹的儿子可以和他的妈妈的兄弟的妻子或遗孀结婚，这使他成为他的妈妈的兄弟的孩子的法定父亲。但是现在却认为这种习俗还是由于社会的或经济的原因。例如，福琼的调查说，在多布人中，一个人在他父亲去世前称姑母的儿子为“表兄弟”，但在他父亲死后就称他们为“父亲”。这并不是因为他的姑表兄弟和他的寡母结婚，而是因为他的姑表兄弟继承了他父亲（是他姑表兄弟的舅父）遗下的村庄的土地、姓名、地位，甚至死者的头颅。因此，我们没有必要设想一种奇怪的婚姻形式来解释亲属称谓上的这种戏剧性的变化。

这里不能详细讨论社会结构的其他重要原则，但是可以谈谈其中的两个原则。一个是，在有些社会里职业的专门化是重要的。甚至在从技术观点看最不发达的社会里，那里虽然几乎没有经济的专门化，但是巫士和巫医常是很突出的人物。在非洲有些地方，

铁匠形成一个特殊的群体，他们做这种工艺时，伴随着很多仪式。这反映他们的社会地位；有时他们被人尊敬受到礼遇，有时他们又被视为贱民，在社会上毫无地位。

另一个重要的社会原则就是地位的原则。过去从许多方面给“地位”下过定义。但是方便的办法是把某人的社会地位视作他在社会体系中所占的位置，这个位置是由他所享有的权利和特权，以及他应尽的义务和责任表现出来的。地位可以是通过个人努力获得的自致地位，也可以是因他在某一亲属群体中的世袭地位或因其他优先要求权得到承认而由社会赋予的先赋地位。自致地位和先赋地位的不同可以从以下比较中看出：选举出来的部落会议主席和世袭的部落酋长，或因有特别的巫术魔力而著名的巫师和世袭的氏族术士。但这两种地位又经常逐渐向对方转化。社会地位按声望大小分为等级。“身份”一词用来表示在政治和礼仪方面的等级划分——虽然它还有更一般的含义。当地位的等级体系在社会中普遍推行，影响到社会活动的许多方面时，它就被称为社会分层体系。在这里等级系统中每一层次都是由在社会结构中处于相同地位的一群人组成的。社会分层的几个重要的类型是等级制、阶级制和种姓制。在等级制中，例如在封建社会，各个社会阶层主要根据它们之间不同的法定地位来区别，同时也根据它们不同的社会功能和特权，以及他们的行为方式来区别。在阶级制度中，鉴别阶级的主要特征是经济地位和经济功能，虽然阶级的现象也常常可以在更广泛的范围上看出来。在种姓制度中，虽然经济功能特别是职业的差别被认为是极端重要的，但是阶层的区别是通过带有高度象征性的，甚至宗教礼仪性的内容（如亵渎观念）的鉴别

过程来表现和确定的。

在上述三种制度中，法律、经济、礼仪这三种因素的重要性如何，与社会流动程度的不同有关。从一个阶层流动到另一个阶层的可能性是分层的社会结构的一大特点。甚至在最刻板的制度如种姓制度中，不论其公开的规则和宗教信仰如何，也不是完全封闭或完全不变的。以印度社会为例，现在印度的新的种姓或亚种姓日渐增多，有的是靠吸收刚刚皈依印度教的原异教徒群体；有的是靠从社会上结合如帕尔西人或犹太人那样的，其基本宗教信条与印度教完全不同的群体；还有的是靠过去是内部通婚的群体的分化。再有，各个种姓群体有时要设法提高他们在整个制度中的地位，他们利用经济上增加财富来达到这个目的，当他们的财力和权力超过他们社会中的其他群体时，他们就会要求并得到更高的社会地位。在现代，有些人可以通过移居或改变职业来加入一个他过去不属于的种姓群体，这样他们就脱离了以往的社会地位，获得新的地位。

与社会地位相关联的社会结构的一个重要方面是政治力量的大小。政治力量表现在权力结构和资源控制（包括人力）上。政治结构的类型很多，从简单的长老集会或部落会议，到波利尼西亚群岛、非洲酋长国或马来西亚的苏丹国的酋长和统治者，以及现代民主政治的代表制。在比较发达的社会里，为了维持权力和控制社会生产力，政权机构是复杂的。这些政权机构由实际的方式和象征的方式表现出来，并受到保护，而且经常伴随着隆重的仪式。例如按照传统礼仪，尼日利亚北部穆斯林非洲的酋长在禁食期（斋月）祈祷结束后，要在他的宫门前上马，这时他的地方首领和行政官员们会携带随从，在他面前飞马扬鞭，好似冲锋陷阵一般，很是壮观。这种戏剧性的表演是表示对酋长的效忠，同时还有舞蹈和呈献的礼物。我曾亲眼看到(见书前插图 15)，酋长的马配着华丽的鞍辔，他身穿黑天鹅绒的斗篷，戴着银丝绣花的头饰，显得与众不同。首领们向他行效忠礼，随从们穿着红黄两色的长袍，五彩缤纷，手里拿着扇子、小号、鼓，这一切更突出了他高于所有人的地位。社会结构的政治力量就是这样以可见的形式表现出来。

注　　释

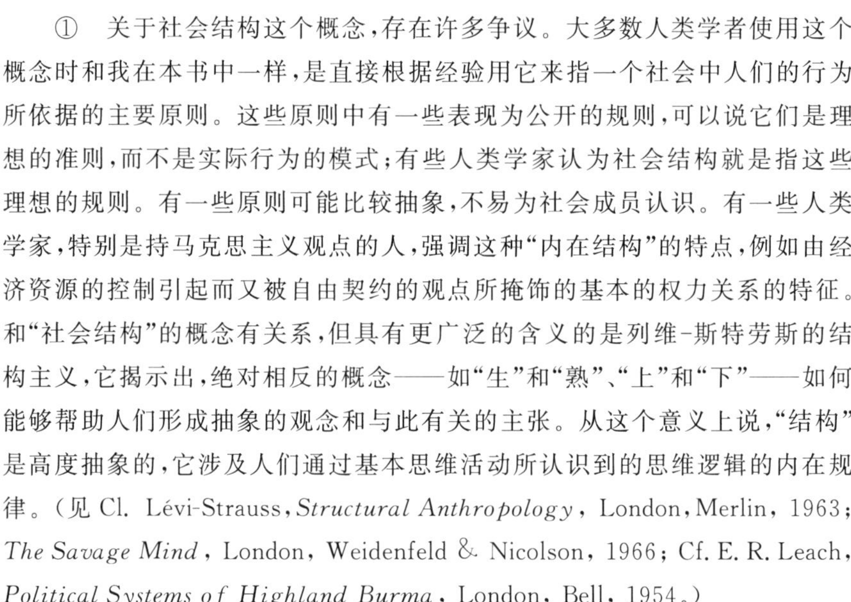

① 关于社会结构这个概念，存在许多争议。大多数人类学者使用这个概念时和我在本书中一样，是直接根据经验用它来指一个社会中人们的行为所依据的主要原则。这些原则中有一些表现为公开的规则，可以说它们是理想的准则，而不是实际行为的模式；有些人类学家认为社会结构就是指这些理想的规则。有一些原则可能比较抽象，不易为社会成员认识。有一些人类学家，特别是持马克思主义观点的人，强调这种“内在结构”的特点，例如由经济资源的控制引起而又被自由契约的观点所掩饰的基本的权力关系的特征。和“社会结构”的概念有关系，但具有更广泛的含义的是列维-斯特劳斯的结构主义，它揭示出，绝对相反的概念——如“生”和“熟”、“上”和“下”——如何能够帮助人们形成抽象的观念和与此有关的主张。从这个意义上说，“结构”是高度抽象的，它涉及人们通过基本思维活动所认识到的思维逻辑的内在规律。(见 Cl. Lévi-Strauss，*Structural Anthropology*，London，Merlin，1963；*The Savage Mind*，London，Weidenfeld & Nicolson，1966；Cf. E. R. Leach，*Political Systems of Highland Burma*，London，Bell，1954。)

一些人类学家和我一样把“社会结构”和“社会组织”区分开。“社会结构”是指在社会中指导人们行为的原则或规范；“社会组织”是指对人们行为的安排，这些行为是个人为适应他人行为和外在环境而作出的选择和决定。

② 大约从 1952 年起，蒂科皮亚岛的男青年开始到外地去工作，他们把长发剪短了。青年妇女和外地的人接触也多了，她们留起长发。他们的舞蹈

和丧事等习俗也受到这种影响。相反，西方社会的男青年却把头发留长了。

③　在有些地方的社会中，例如在西印度群岛，父亲在家庭中的作用是很小的，母亲承担起抚育孩子的责任，尽管母亲是未婚的。但有的情况是，尽管父母之间没有法律上的关系，他们仍然维持一个正常的家庭。过去有人把这种情况描述为“忠诚的同居”。而且，在这种情况下，表示这个妇女的地位的适当的称呼一般就用对已婚妇女的称呼。

④　特罗布里恩德人并不是不知道由于男子使妇女受精妇女才怀孕。他们从传教士和人类学者那里，也从邻居多布安人那里听到这种说法。但是他们在传统上向来极力否认这种说法。

⑤　英国的作者们用 clan(氏族)这个词既指父系的也指母系的单系亲属群体。美国的作者们以前用 clan 指母系亲属群体，另以 gens 指父系亲属群体，尽管 R. H. 洛伊等人类学家用 sib(血缘氏族)总称这两种亲属群体。G. P. 默多克已经提出建议，用 clan 指既按血缘规则也按居处规则组成的亲属群体。

第五章　行为的规则

在讨论经济生活和社会组织时，我们已经见到体质方面和生物方面的实际情况，如营养的需要，血统的关系，年龄的相近，以及共同的住所等，都可以成为发生社会联系的基础，可以使人们结合成群体。但是这些因素也会引起人和人的冲突和纠纷，如：老年人和青年人之间的冲突，邻居之间的争吵，两性之间的嫉妒，在继承问题上的争执，经济利益上的对立，等等。任何人类社会似乎都有一种因社会成员的共同利益而产生的向心力，使它立即成为一个统一体，同时也都有一种因个人的或部分的利益而发生的离心力，使它分裂。

本章所要探讨的问题是，在人们的群体生活中什么东西调整人们的行为，譬如，如何使个人的行为遵循一定的轨道，如何克服人们的冷漠的态度，如何制止利益冲突。任何社会的行为规则都是很难分类的，但是大体上可以分为方法的、爱好和风尚的、礼貌的、道德的、法律的以及宗教的几方面的规则。

在理论上可以区分，在某种程度上也可以在实际上区分人们的实际行为（这里遵循的行为“规则”是根据统计得出的一般标准）和他们应当有的行为（这里的行为“规则”是指人们按规定应当达到的标准）。在实际生活中，这两种行为规则是趋向一致的。大多数人实际上所做的，也常常是人们认为每个人应当做的事。譬如在英国，大多数人一天吃三餐，在街上走要穿鞋袜，坐在椅子上，只能与一个配偶结婚。我们认为这是自然的行为方式，不需要什么规定来强制我们这样做。可是如果我们想一下，就会发现，在这些习惯的行为方式后面都有一种“应当”这样做或那样做的意思。孩子们少吃一顿饭，父母是不会允许的；妻子要在家里为她的丈夫准备早餐和晚餐，丈夫的午餐则在外面吃；不到吃饭的时候去餐厅会受到冷遇。赤脚在街上走是古怪的行为；坐在地上会得罪主人；多娶妻子会受到教会和国家的谴责。但是在其他一些社会中，如我们在以上几章里所见到的，人们一天只吃一顿饭，赤脚走路，坐在地上，娶几个妻子，别人会认为他们应当这样做。人类和其他动物不同，他们在某种情境中，可以选择多种不同的行为方式，他们的选择，大多是由于社会的原因。他们的行为受到自己同伴的意见的影响，并且被应当怎样做的价值观念所左右。

但是，在有些方面，实际做的事和应当遵循的规定之间可能相差得很远。英国人虽然自认为是最守法的人民，但是他们从国外回来的人在通过海关时，常常不向海关当局报告他们从国外带来的货物；开汽车的人常常超过规定的速度；商人逃避他应付的所得税。基督教的爱你的邻居的主题思想和商业手段，和限制性关税，和军备建设，都形成了强烈的对比。法律或道德的准则和实际行为不一致，不仅仅是由于无知、疏忽和个人私心。对朋友的忠诚，讲求效率和实用的思想，认为法律不公正的看法，以及对舆论的遵奉，这种种都形成了另外一套标准，使个人和群体可以为自己偏离公认的观念的行为辩解。

对人类在社会上如何生活这个问题有兴趣的人一定会有很多问题,如:在别的社会中,是否和我们一样有管理行为的规则?如果有,人民是否把这些规则都明确地制定出来?人们遵守这些规则到什么程度?什么原因使他们有时违反这些规则?别人对于违反规则有什么反应?有没有推行这些规则的机构?如果这些机构总的说来是有效的,它们从哪里得到权力?最后,为什么社会中会存在这种规则?让我们至少设法回答其中的一些问题。

有时人们模模糊糊地说,简单的狩猎民族,如非洲的俾格米人,像孩子一样不遵守任何规则,想怎么做就怎么做。或者说他们有自己盲目遵守的习俗,当他们决定要做什么事时,他们可以无异议地去做。还有人说,他们有很多习俗是“古怪”的,就是说,人们看不出它们有什么明显的理由,所以就把这些习俗归入禁忌一类中去。我们可以看一看这些意见的正确性如何。首先我们可以十分肯定地说,在所有已知的人类社会中,社会秩序多少总是维持住的。没有大规模的暴力或不受限制的侵犯行为。但是从另一方面来看,人们并不是被动地遵从符合社区利益的理想的。社会秩序的维持不是无意识地进行的;它是以规则来维持的,个人根据个人利益的不同情况,来决定是维护还是破坏这些规则,此外,还要看人们的责任感和教养如何。在每一个社会中,这些规则都形成一个体系。例如在非洲或大洋洲的许多地方,他们的规则并不是明文规定的——没有十诫,没有规定若干条禁令的条文,也没有总是表现为抽象原则的规章。我们很难从当地人那里听到他们的规则的条文,只能在某些实际的事件中听他们说到哪是应当的,哪是不应当的。对青年人的教育大部分也是通过这种方式进行的。

虽然我们说到许多非工业社会时，觉得他们的社会组织简单、技术简陋，但是这并不是说他们行为的规则很少、很简单。例如沙佩拉编的《茨瓦纳人的法律和习俗手册》就谈到该部落中公民的权利和义务，婚姻法，夫妻之间、父母和子女之间以及亲属之间应当遵守的规则；关于土地、牛和其他家畜、房产和个人财物等财产以及继承权的规定；关于物物交换、出卖、借贷、送礼、服役的规则，以及很多关于人的行为过失的规定。对其他社会的详细研究——古特曼研究坦噶尼喀的查加人的法规，马林诺夫斯基研究特罗布里恩德人的法规，霍格宾研究翁通爪哇岛的波利尼西亚人的法规，特恩沃德、亚当、格拉克曼、阿瑟·菲利普斯和其他人类学家研究非洲和南洋的土著法规，范沃伦霍文、科恩、塔哈尔等人研究印度尼西亚的阿达特人的法规——表明，这些社会同样有关于人们行为的复杂的规则。因此我们认为，仅仅说人们的行为受“习俗”的约束是肤浅的。“习俗”这个词，已经被人们用得太滥了，它包含许多不同类型的规则，这些规则在应用上，在拘束力上，在违反时所引起的反应上都不同。我们可以看到，在这些和我们不同的社会中，同样有维持社会秩序的各种规则，并且和我们一样，划分为礼貌、伦理、道德、法律和宗教等各个方面，即使我们自己所作的这些区分并不总是很有意识、很清楚的。

人们通常认为技术不发达的民族在社交中态度不文雅。这和事实相差太远了。任何社会总是有一套礼貌的，光着半身的“野蛮人”和欧洲的白人一样讲礼貌。例如，有一个波利尼西亚人在大热天给我送来一个新鲜的椰子。我喝的时候请他也喝，可是他一定不肯，虽然他承认他也觉得口渴。他很客气地解释说：“这地方的规矩是一个人不许分吃他自己送给别人的礼物的，否则人家就要说，‘你瞧，他吃自己送人的礼物了！’”这种文雅的态度，至少是和我们一样的。

有时，当地人的礼貌甚至使我们觉得过分了。罗斯科说非洲巴干达人从前有一种令人生厌的礼节，其中包括即使在路上遇到不认识的人也要互相道谢致意。见到欧洲人穿得整齐，他们要向他说谢谢，或者仅仅因为两个欧洲人走得步调一致，人们也向他们道谢——即使“谢谢”不过是一句没有意义的空话。

虽然那里的人们问候的用语和我们不同，但是他们是按照他们自己的礼节去做的。蒂科皮亚或马来的农民在路上遇到别人时不说“你好”，而是问“你到哪里去？”这不是太冒失，也不是没礼貌，而是当地的习俗如此。回答时可以说自己要到哪里去，或者只说“散散步。”这种寒暄如果真有什么意义，它和英国人见面时说“你好”的意思一样。英国人问候“你好(How do you do?)”也不是真的要问你健康的情形，尽管天真的异乡人可能会这样回答。寒暄的重要意义不在所用字句的表面意思，而在说话本身，在于在两个初次见面的人之间架起一座桥，把两人联系在一起。

欧洲人到一个外国地方，遵守当地的礼貌是和当地人取得合作的最好的办法。亚洲人和非洲人总是觉得欧洲人不礼貌，那是因为欧洲人不想适应当地的习俗。使自己实行别的社会的礼貌无须付出什么代价，它并不要求你放弃自己的道德准则或宗教信仰等方面的基本准则。

异族人民也有他们自己的伦理的和道德的见解。人分好坏，行为有对和不对——虽然当地的语言往往只用一个词表达我们用不同的词表达的许多意思，比如用一个词表达“好的”、“正确的”、“正当的”和“有道德的”等词表达的意思。各地的道德准则有差异，可是我们并不能因此说哪一种高，哪一种低。较为正确的观点是，每一种准则都适应着它特定的社会状况，应当根据它们维持社会秩序的效力作出评价。

至于所谓的土著人“不讲道德”，不过是由于他们的道德准则和我们的不同罢了。这在两性关系的事情上表现得最清楚。在西欧，凡是遵守传统习俗的，婚前贞操至少是一种品行端正的理想。在大洋洲的一些社区，如阿默勒尔蒂群岛的马努人或萨摩亚和汤加群岛的首领的家庭中，也是如此。但是在很多地方，婚前性生活不仅是平常的事，而且被认为是正当的。认为这种行为是不道德的人，没有看到他们对待婚前性生活和对待其他社会行为一样，对于在什么场合之下可以发生以及对产生的结果将怎样处理，都是有规定的。在这些地方，常常同时还存在着人们对两性关系评论的标准，它规定了两性关系的方式和可以达到的程度，它批评见异思迁、对恋爱不忠实的人，对于婚外孕，至少对于婚外生孩子实行严厉的责罚。而我们在这方面的道德观念往往使我们容易忽视当地社会的实际情况。我们对婚前性生活的谴责使我们忽视以下事实：正如马林诺夫斯基所叙述的特罗布里恩德人的风俗，婚前性生活是婚前性教育的基本内容，是择偶过程中的一种试验。它在一定程度上克服了在发育成年和结婚之间存在很大距离所带来的困难。

印度的童婚制受到很多批评，印度人辩解说，这样做的原因之一是为了防止女孩子婚前发生性关系。当地的传教士曾对我说，

童婚固然有很多害处，如生育过早，残害少年等，但是当他们努力制止了童婚以后却出现了一种困难，就是现在常常发生女孩子生私生子的事情，结果使女孩子蒙受羞耻，引起家庭冲突。

我们的道德观念之所以复杂，是因为它和宗教有密切的联系。在婚前或婚外发生性关系是违反基督教的教规的；结婚本身不仅是一种法律上的契约，而且也是一种神圣的结合。在英国，最近我们还能看到离婚法如何受到教会的严格审查，而且用宗教的教义来加以解释。像基督教那样常把性和罪恶联系在一起的见解，在许多非西方的社会中是见不到的。大体说来，在部落社会中道德经常是和宗教分开的。我们在部落社会人们对正当行为的支持中很少发现他们是出于这样一种信念，即好人和坏人死后分别进入天堂或地狱，是由他们在世的行为好坏来决定的。他们更相信现世的地位、财富和社会处境，才是决定来世命运的凭证。

我们一讲到无文字社会的法律时，就会在定义上发生困难。他们通常没有由中央权力机构颁布的特定的法律条文，也没有类似法院的正式的司法机关。但是无论如何，他们的确有很多规则要人民遵守，而且事实上是被人们遵守着，他们有办法使人民在某种程度上服从。在非洲或大洋洲的社会里，规则如何分类？那里的法律的定义如何？都是时常引起争论的一些问题。

在执行法律的法官看来，法律就是指法庭的判决，这种看法是最简单的分类根据。照这种标准，许多非洲和大洋洲的民族是没有法律的，他们只有一套习俗。当这些社会被欧洲列强统治时，当必须研究传统规则约束土著人民行为达到什么程度的问题时，这种分类是有实际的重要意义的。我们在第七章里还要提到这个问题。但是对研究非西方社会的人类学家来说，上述那种看法对于研究并没有多大用处，因为它只从对法庭有什么用途来考虑习俗，而不是研究在那些没有法庭的地方，习俗如何起作用。当然，这并不是唯一的对法律的看法。社会学派的法律学家就从更广阔的立场来考虑法律的概念。他们对于社会上存在的一切规则及其功能都有研究的兴趣。这和人类学家的观点相近。人类学家对于这个问题的看法，有两种不同的意见。一种以马林诺夫斯基为代表，一种以拉德克利夫-布朗为代表。马林诺夫斯基认为，防止破坏社会协调一致的一切强制性的约束和习惯行为，都应包括在法律的研究范围之内。拉德克利夫-布朗认为，法律只限于那些在政治上组织起来的社会中有约束力的规则。戈弗雷·威尔逊在研究尼亚库萨人的法律和习俗时，采取了折中的立场。他认为凡是与所争执的事端没有直接关系的第三者所采取的干预行为都属于法律行为。例如，在他研究的部落中，争执的双方时常去找他们亲属中的长者，或朋友，或受人尊敬的邻居，要求对他们争执的问题进行裁决。威尔逊认为这种裁决就是这个部落的法律的一部分。但有些人类学家认为这种是私人间的调解，不能视作法律。的确，仅仅把这种过程作为给法律下定义的准则，似乎有些武断。在美拉尼西亚和澳洲的很多地方，凡是有争执的事发生，并不请局外人公断，如果按上述说法，这些地方是没有法律的了。倘若我们一定要给区别于“习俗”的法律下定义，这个定义就要包含下列一些要素：规则；它们有多大程度的强制性；人民遵守它们的程度；陈述这些规则的准确程度；这些规则的约束力的性质是什么；哪一种权力在推行它，这权力是否受到人民的拥护。所有这些合在一起，才是法

律，我们绝不能单以其中的一项来规定法律的定义。法律尤其要有详细的、系统的规则，它的强制性极高，约束力很强，而且常是否定性的，推行法律的权力是有组织的。这实际上是法理学家的观点。但是这样的定义对于社会学研究并没有多大用处。不论根据什么来区分法律和习俗，社会学家仍然要记住：要明了法律的意义必须将上列各项要素在较广的范围内加以审查，说明上述各项实际运行的程度。我们要了解欧洲法律体系，就要看到人民习俗的变化、他们的伦理观念、社会制度的结构、他们对什么是“合理”的判断以及使人民遵守或违反法律规定的各种非法律的因素。所以我们在研究没有明文规定的非西方社会的法律时，对于这几点，当然更要加倍注意了。

当我们思考这一系列控制人民行为的办法时，就产生了下列这些问题：控制行为的规则是从哪里来的？对人们行为的判决是怎样作出的？由谁去执行这些判决？在组织严密的法律体系中有立法、司法、行政三种机构——在英国，大体说来，具体表现为议会、法院和行政机关（包括警察）。在部落社会中，这种明白的分权的法律体系是不多见的。大部分的规则并不是由一个专门为立法而成立的机构制定的，而是据认为它们在遥远的古代就有的。这些规则的权力的基础是社会的传统，相当于奥斯汀所说的“主权”。可是有时在共同的认可之下，也可以提出新的规则，或者对旧的规则重新加以解释，以适应新的情况；而且，共同的习俗也会在不知不觉中被视作应当遵守的规则。沙佩拉在研究茨瓦纳人的法律时，对他们的行为规则的来源作了清楚的说明。茨瓦纳人说，他们的法律的主要部分是自有人类以来就一直存在的，或者说是上帝或祖先的精灵所制定的。此外还有一些法律是出于他们的部落法庭的判决，法庭的判决使多数原有法律的强制性得到承认和加强，但偶尔也有因区分不同案件而产生新的法律。他们的法律的第三种来源主要是最新的法律的来源，是酋长的命令。酋长有权废除陈旧无用的法律，另立规则来改良部落的行为。可是，在不少部落社会里没有酋长，即使有酋长，他也没有特有的立法的职责。而且通常没有有组织的司法机构可以促使他们修改法律条文。

在部落社会中，司法机构常常不是执行部落法律的独立的部门，审判不是有组织的举动，而是在没有一定秩序的公众对事件的讨论中交换意见产生判决。在澳洲土著人民中，当有人违犯了重要的规则时，他们并不正式召集会议来讨论这件事，而是由一些成年男子来讨论，这些人平常就是常常聚首的。如果把他们这种共同讨论说成是一种法庭，那就未免过甚其词了。他们固然是审查这件案子，为当事人想各种辩护的法子，他们也可以作出一个决定，但是这种程序不是正式的，而且决定是在议论中产生的，不是一种正式的宣判。也不一定是年纪较大的人最有势力。年轻人精力充沛，性格果断，也可以影响大家，左右别人的意见。像波利尼西亚的蒂科皮亚人那样具有复杂的政治组织的社会，也是如此。这里酋长的决定具有最高的权威，没有人能反对他的决定，他的决定指导人民的行为，惩罚罪犯。虽然他的决定在相当程度上要受别人意见的左右，受舆论的影响，但是却不被看作正式的司法机构的决定。这种决定可能是他自己忽然想到的，有的是经过非正式的讨论作出的，有的甚至是由要求他发出命令的控告方面强迫他作出的。有很发达的正式的司法机构的无文字社会主要见于非洲

一带。在这些地方有长老会议,或是有由酋长主持的会议,或是有法庭,他们诉讼的程序有一定的规定,有原告和被告的辩论,有证人,有正式的宣判,有执行判决的手续。

在这样的社会中,时常没有执行法律职务的行政人员。有些地方有类似"警察"的人物。例如在蒂科皮亚岛,酋长的兄弟和近亲表兄弟有特别的称号——专司执行酋长的决定和维持地方治安。他们甚至还保护和帮助那些得罪了有地位的人的人们。因此他们的称号是"马鲁",即庇护者,因为他们像一棵树,可以挡住太阳的暴晒,给人们提供阴凉。但是在许多地方,执行判决的人,常是临时指定,或由社会中自告奋勇的人来担任。

本章主要是讨论约束人们行为的方法的一般性质和运行状况,以及社会控制的各种力量,而不是讨论规则本身的内容。因此有许多重要问题,包括家庭法和财产法、民事法和刑事法、诉讼的程序以及关于犯罪动机和责任的理论,都不能在此详加讨论了。

现在让我们看看规则是如何发生效力的。通常大家都明白,虽然规则中都规定了违反规则将会受到什么样的惩罚,可是人们遵守规则并不只是由于怕受惩罚。在非西方社会里和在西方社会里一样,人们不偷东西不只是因为偷窃要受到处罚。谈到这个问题就引起了制裁的问题。制裁一词没有大家一致同意的定义。从奥斯汀传下来的旧的法理学的观点认为,制裁是违反了规则之后可能招致的惩罚。现代的法理学家把制裁的意义扩大了,他们把对遵守规则的奖赏也包括在里面,并且认为制裁是使法律发生效力的条件。如果把这些条件作广义的解释,这实质上就和人类学家的意见相合了。人类学家认为我们不仅应当考虑那些和法律本身有直接联系的条件，如罚金、奖金、被检举的可能性、对议会的尊重，等等，而且还应当考虑到社会生活的一般条件——不只是被统治者的默认，对所得利益的承认，或习惯的惰性，而且包括舆论、教育和义不容辞的道德观念等积极的力量。一个人遵守或不遵守某项原则，不仅决定于他个人的直接利益和他当时所受到的诱惑力的强弱，还决定于他考虑到和他有接触的人们对他的行为会怎样说，怎样想，怎样感觉，怎样看他，还要根据他所知道的这些人过去的行为。使法律发生效力的条件可以说就是那些许许多多个人的活动和反应，这种活动和反应不论是否以社会的名义来表示，都往往管制着一个人的行为，使他遵守规则，从而维持了社会体系的秩序和平衡。

制裁的手段可以从许多方面加以分类。有些是在个人本身方面的，如个人利益的打算、习惯的惰性，以及对事件的性质的认识是否清楚等；还有些是社会方面的，如家庭或社会是否赞同、报复、惩罚等等。还有一种分类法是分成立即制裁和最终的制裁两类：前者是直接根据规则的性质，如违法之后立即受到的惩罚；后者是普遍性的制裁，如怕大家在背后说坏话，或怕丧失将来可能得到的利益。拉德克利夫-布朗采用过一种分类，比较精确和真实。他先把制裁分为有组织的和没有组织的两类，再分为伦理的和道德的制裁，进而到报复的、赔偿的和惩罚的制裁，以及宗教的制裁。只有赔偿的和惩罚的制裁才算作合法的制裁。

我们不必再在分类上多费工夫了，在这里不妨列举一些最重要的制裁，尤其是那些见于非工业化社会的。当然，其中的一些制裁也见于工业化社会。

舆论的制裁一向是非常重要的。舆论时常是没有组织的，但有时也是有组织的，如在西方社会中对救生、有成就的探险和社会服务的授奖。有时舆论以谚语的形式表现出来，这比临时各人发表意见要有力得多。在毛利人中，谚语在激励和遏制人们的行为上起着重要的作用。在一些社会中，采取一种公开嘲笑的方式，如爱斯基摩人或蒂科皮亚人的讽刺小曲。在蒂科皮亚人中，偷窃行为将受到责骂，若是知道了东西是谁偷的，偷窃者将遭到痛打。若是不知道谁是窃贼，愤怒的失窃者将编一曲跳舞时唱的歌，隐射那个窃贼，在海边举行的公共跳舞会上，让大家合唱。这种唱歌的办法主要是使被窃的人有地方可以出出气，但在某种程度上也可以起到制裁的作用，使那个窃贼感到羞耻，尽管还没有人发现他。

还有一种十分重要的制裁是自食其果。一个人违反某项规则或是逃避某项责任，日后他会发现他吃亏了，或者在他需要别人为他出力时得不到帮助，或者会得不到将使他获得声望的某种有价值的东西。便宜一时，吃亏一世。明白了这个处世的道理，人们自然愿意规规矩矩地依着社会的标准去做人。世代相传下来的关于人生意义的认识体系，通过复杂的教育和训练过程向人们反复灌输，也是极端重要的。法律被人遵守并不是因为它是法律，而是因为人们认为这是规则，应当遵守。正如我们所看到的，无文字的社会同样有他们的道德准则，人们同样遵守这些准则。

此外还有一种制裁，就是一般所谓的迷信。迷信一词是一个含义模糊的名词，常用来指其他人所持的宗教信仰。但是更准确地说，迷信是指人们对超自然力的信仰，当然在我们看来是非理性的。大洋洲的土人们用一根杆子，上边扎着一束树叶，据说这有神力，禁止人们去乱动，这是他们保护财产常用的方法。有时人们相信这种禁忌物有巫术力量，它会给犯禁者惩罚，或认为惩罚是来自禁忌物供奉的鬼神或祖先。对超自然力惩罚的畏惧，是对人们行为的一种有效的制裁，即使没有有形的内容。在很多地方人们认为乱伦将受到祖先的惩罚，使罪恶的乱伦者或其后代患病，以致死亡。在蒂科皮亚，就靠这种制裁和舆论来对付乱伦事件，而不用体罚的制裁。犯乱伦罪的人并不受他们所属的社会群体的惩罚，而在非洲许多地方就要受到惩罚。第三种属于超自然力的制裁就是巫术。马林诺夫斯基曾告诉我们，在特罗布里恩德人中，酋长的权力是维持当地法律和秩序的重要因素，酋长保持他的权力在相当大的程度上是靠他雇用的巫师，或者说是靠对他雇用的巫师的惧怕。澳洲的土著居民的货物交换仪式中有很多规定，他们愿意服从这些规定，自然有很多原因，如：为将来经济上的或其他的利益着想，遵照传统的习惯，希望别人称赞他是“靠得住的交易对手”；他们还要考虑到，若是不遵守规则，可能会引起争斗，而且他们认为恶意的对手会用巫术来陷害他们。常有人举行仪式来避免大病和死亡，就是因为他们认为对手会施行巫术害他们。还有一种制裁的方法是用武力报复犯事人。在茨瓦纳人中，对于武力伤害事件，尤其是对妇女的伤害，法律有时还允许直接报复。法庭会叫受到伤害的妇女对打她的人加以同样的伤害。此外还有赔偿的制裁，违反规则的一方，必须要对受害的一方出资赔偿。在非洲部落的法律中，这种制裁非常普遍。最后还有刑罚的制裁。由酋长、法庭或会议代表社会组织起来的力量惩办犯法的人。

这些制裁在各种社会中发挥的效力不同。有些社会充分调动

舆论力量以保证人们遵守规则，而赔偿和处罚条例不起重要作用。在有些社会中，超自然力性质的制裁对约束人们的行为更为有用。我们在这里不能详述为什么这些制裁在不同的环境中，有的很有力量，有的不那么有力量。

各种社会必须遵守的规则既然各不相同，他们对犯法行为的分类也就不会相同。在欧洲，一个有配偶的男子，若是再去和另外一个女子结婚，就是一种违反法律的行为，也是一种违反教义的罪恶。但是，如我们在第四章里已经说过的，在大多数伊斯兰国家和很多其他社会中，这不但是允许的，而且是社会上人们认为称心如意的事。非洲人认为多妻制是正当的，这使基督教会在那里遇到困难，这也是本地基督教徒脱离母教会的部分原因。在英国，占用私人所有的土地是一种非法侵入的行为，土地所有者可以提出诉讼。但是在蒂科皮亚，没有得到许可在别人的地里种庄稼是完全可以允许的，只要在收获时给土地主人送一筐产物去，他是不会有什么埋怨的。即使对于同一类犯法行为，各种社会所作的直接的制裁也可能很不相同。在西方国家故意杀人是一种刑事罪，必须加以惩罚，有时处以死刑。但是在非洲很多地方，却规定凡是本部落中的杀人者不受刑罚，而是要杀人者及他的亲属群体付给被杀者亲属一笔赔偿费。在这些地方，制裁的方式不同也是使欧洲法律难以在这里推行的原因之一。还有，在有些地方，直接的制裁不一定是处罚犯罪者本人，如果找不到犯罪者，可以对他的亲属进行报复。这种观念引起部落间的械斗，形成世代血仇，这也使按西方的标准去统治非洲人这件事更加复杂。再有，一个人伤害了别人，或使别人的财产受到损失，对他的惩罚并不是赔偿，而是古时的惩

罚法——摩西律法上的“以眼还眼，以牙还牙”。

由此可见，在最初使用欧洲法律统治非西方社会，建立殖民地法规时，有可能发生制裁上的冲突。一种结果是某种犯法行为会增加，以前当地的规则对这些犯法行为的制裁比欧洲法律要严厉得多。通奸就是一个例子。在所罗门群岛的马来塔人中，犯通奸罪的人通常要用矛刺死。后来在英国政府的统治下，感情上受伤害的丈夫只能提出离婚或对爱情的转移要求赔偿。这在马来塔人看来是太轻了。据说因此通奸的事越来越多。外国统治的另一个结果是，以前不算是犯法的行为现在成为犯法的行为了，尽管人们的行为根据传统的规则来说可能是正当的，但在欧洲政府的眼里，却成为犯法的行为。比如因族人被杀而采取报复行为的人，以前被认为是维护正义者，现在却成为罪犯；同样，一个雇工为了必须去参加部落的盛典，不能遵守他和白人雇主所订的契约，就被认为是不履行契约的雇工。研究这些事例使我们看到，一方面是部落的善恶观念和强制法则，另一方面是欧洲的法律，二者之间的冲突可能是确实存在的，它扰乱了奉守传统法则的人民的生活。以前，这是一个十分有力的理由，要求我们对于殖民地社会的控制力量进行周密的考察，并设法使在那里施行的行政司法制度尽量符合当地的传统观念。

在那些没有和西方接触而受其影响的传统社会中，就不存在不同性质的制裁之间的重大冲突；整个制裁体系是相当完整而且一贯的。但是在西方社会中情况却很复杂，西方社会中有许多不同类型的社会群体，它们的背景不同，这种制裁之间的冲突是很明显的。对于某一个人来说认为是正当的事，或者至少是可以被允许的事，却可能与法律上的规定或禁令相抵触。一个突出的例子就是在美国实行禁酒法期间，人们对该法律的普遍的违反。各阶层人民违反禁酒法，依旧酿酒、进口酒、喝酒。这种大规模的违法举动，并不意味着美国人犯罪倾向的突然暴露，而是表明这种法律制裁受到一种可以称之为道义制裁的行动的强有力的制裁。在英国，在另一范围内，关于离婚的制裁和离婚者再婚的制裁的问题，一向有冲突。政府所允许的事，教会却在作难。事实上，对很多人来说，教会的制裁已不那么重要了，于是问题变得更加复杂。许多人认为，现有的离婚法规定唯有犯了通奸才能离婚，而不考虑性情不合等因素，这是忽视了使婚姻美满的一个主要条件。而且，这样的处理还导致反常的情况，那些本来不愿意有外遇的人，只因为要达到离婚的目的，不得不去犯一次，或假装犯一次通奸的事情。道德、法律和宗教，互相矛盾，形成不和谐的形势。在传统的非洲或大洋洲地区的社会中是见不到这类事情的。

还有一个人类学家未能得到圆满答案的困难问题。我们在技术发展水平不同、经济和政治情况存在差异的许多社会中见到各种各样的规则，这些规则有没有一个共同的基础？有没有一种法可以被称为“自然”法？这在哲学家和宗教教义的布道者看来是不成问题的。但是他们的答案是以某些预定的假设为前提的，而这些前提在另外的人看来又不是前提。而且，其中有些被明确地宣布是在科学领域之外的。有一个这样的假设认为，人的生命的价值是它本身所固有的，每一个人都有生存的权利，只有犯了极大的罪行的人，国家才能剥夺他的这种权利。根据这个假设，杀婴是受谴责的，但是杀婴往往是一种解决社会困难的办法，例如摆脱生私生子的困境，解决因食物供应不足而产生的人口压力等。即使在这些困难没有其他解决办法之前，很多人却仍坚持认为杀婴是应当禁止的。结果凡是杀婴的人都被指责为罪人，还要受到教会的谴责，虽然在本地的人们看来他们并没有犯什么罪。然而在西方社会中，由上述假设得出的必然结论并没有得到严格的贯彻执行——除了少数群体，如奎克人。在被认为是国家必需的形势下，杀人就不是犯罪，而是一种应受表扬的行为。国家为了征兵，竭力宣扬这种观点，教会也祝福军队，污蔑敌人。在这里，我们看到在我们自己的环境中，也会有一种违反道德法则的迫切需要，而当别人这样做时，我们就认为不对了。

让我们从谈论战争转到谈论娱乐。在英国有关批评还是赞许猎狐的争论，大家早已熟知，不必说了。但与此有关的一件事是很有意思的。前几年“防止虐待畜类皇家学会”曾屡次控告打猎的官员“放纵猎犬威胁狐狸，使它们受到不必要的伤害”。这个协会的职员曾公开表示他们对于猎狐本身并不反对。但总的前提是，必须尽量避免使动物遭受可以避免的痛苦。在这里，我们看到一种古怪的诉讼。他们提出诉讼的只是在整个围猎过程中经认真检查确认是狐狸遭受痛苦的时间和情况。曾有人认为狐狸喜欢被人围猎，除非它真的会被猎犬撕咬成碎片。但是到目前为止，对这种看法我们还没有证据。事实上也许完全相反。围猎狐狸早已成为风俗，但是它与人们对它的评价，即法律上允许还是禁止以及许多人的人道主义观点之间存在冲突，这使人们很难保持一贯的立场。曾有人为这种情况辩护说，任何一个猎狐人都会为他使狐狸受难而深感苦恼，而且在这种情况下，主对动物的仁慈会使他“声名狼藉”。如果我们不这样煞费苦心地拒绝承认这种内在的矛盾，那么，说猎狐者为了他在这项活动中的乐趣宁肯放弃他对于狐狸免遭痛苦的人道主义的关心，还更合逻辑。对于他的猎狐，则可以站在另一种立场上为之辩护。

科学家在寻求社会规则的共同特性时，在寻求某种可以称为绝对的普遍存在的特性的过程中，会遇到许多这类的矛盾；在检查假设的基础，在实际生活中逻辑地运用这些假设时，会遇到多次失败。将来的人类学家通过对发挥社会效能的条件的更精确的探索，可能在调节行为的多种规则里寻找到某种基本的特性。如果人们要在集体中共同生活，一定要有使他们合作和相互接触的条件。暴力的侵害必须加以制止，侵犯行为必须有所约束，各种利益的冲突要有解决的机构。然而至今这方面的研究成果还只表现为在形式上十分抽象的原则，这些原则大多是先验的，需要通过更多的综合的实验式的调查，来证实这些原则是否正确。

第六章　合理的和不合理的信仰

在以上几章中，我们讨论的都是世俗的活动，而不是宗教性的活动，或者说是现世的而不是鬼神的力量。我们所研究的还只是迪尔凯姆所说的生活中的俗事。从营养、技术、经济、法律、家庭和亲属的活动中，我们看到在各种各样的社会中，人都是有理性的。他们对生活中遇到的重要问题的解决方法虽然往往和我们不同，但是在我们看来只是方法上的差异，而不是逻辑上的分歧。非西方社会的人民所能接受的关于物质世界的原则和判断，在我们看来是很合理的，就是说他们所根据的前提符合我们对物质世界的认识，他们在运用这些前提于具体情况时依照合于逻辑的思想过程。

当然，莱维-布吕尔不这样看，他认为原始人的思想是前逻辑的，这就是说，他们的思想所根据的是观察者和被观察的对象之间的另外一种联系，是和文明人不同的一种联系。他称这种联系为“神秘的参与”。他认为“野蛮人”对于外界的看法，并不像我们这样不动感情，他们透过一层感情的烟幕观察外部世界，认为草木禽兽都带有某种极像人的性质。他的这种学说没有获得普遍的赞同。但是大家都认为他的确激起人们去研究不同社会环境中的人的思想，而且从图腾崇拜及类似的制度来看，他所说的那种对于自然的态度确实有点道理。但是莱维-布吕尔忽略了或是抹杀了大量证据,这些证据表明从非西方社会的人所说的和所做的来看,他们认识世界所采取的步骤是我们可以赞同的。如我在前面所说的,一个波利尼西亚人要造一只独木船,他挑选一根轻质的木材来做舷外浮木,他把船身造成流线型,并使靠舷外浮木那边的船身更平滑一些,以平衡那一边的牵引力。如果一个欧洲造船者来造这种船,他也会这样去造。这充分表明波利尼西亚人在技术的事务上具有推理性。又如,那里的人们的确不像我们那样使用精确的分类方法。虽然他们经验有限,又没有专门做研究工作的知识阶级,但是他们也有少量的分类。他们还用别人的分类有效地为他们的目的服务,表现出合理的分类原则。

在这里,我所以要强调上面这一点,是为了使我们在讨论巫术和宗教时,不要认为在非西方社会中人的思想活动主要是感情上的活动,不要以为他们的行动是被非理性的力量所控制的。例如一个被认为是受教育者的人,他对他认为根据不足的观点,也会进行批评性的、合乎理性的分析。在1829年的《传教录》中有一段记录传教士和毛利人关于死者复活的问题的谈话。毛利人问道:“有多少人曾经在死后复活?你们看见过他们吗?”传教士说没有。毛利人大笑说:“哦,当然是这样,你们只是听别人这样说罢了。”凡是这类在土人传说中没有根据的说法,他们总是采取这种使人困窘的,又是明明白白的态度。

在波利尼西亚人的所有主要的传统活动中,超自然的信仰影响极大。我们如果细心看一个波利尼西亚人如何造他的船只,就可以发现他在从事技术操作的同时,还做其他不属于纯技术原则的事。他相信他的造船工具最终是受神灵控制的;他相信靠神灵的力量才能消灭木材里的凿船虫;他把所造的船献给神灵和祖先,他祈求神灵和祖先使他的船速度快,使海上风平浪静,使他捕到大量的鱼。我们称这种信仰是超自然的信仰,并不是说波利尼西亚人认为他们信仰的东西必然在自然"之上",而是因为这些信仰的对象不属于我们根据自己的经验所认识的自然力。在行动中,这种信仰对人的努力起着补充的作用。如上文所说,超自然的信仰——如戒律、祖先灵魂的威力——能起到社会控制力的作用。认识下面一点是重要的:信仰的根据尽管可能是虚构的,但是信仰本身却会有实在的和有价值的效果。我们能够把那些信仰和行动列为"不合理的"或"非理性的"(按照现在的说法),并不是因为他们从某一前提得出推论的方法是不合逻辑的,而是因为这些前提本身,经我们的科学分析,是不能成立的。

认为这种信仰是出于恐怖和神秘的感觉,或是出于"宗教的震慑",这未免把事情看得太简单了。它们和实际的事务、经济的需要、人生的关键时期都有紧密的联系,这不是偶然的,因此我们可以说,它们似乎是为了要满足人类的某种基本需要而产生的。但是如果说这一套信仰和活动主要是由巫师或术士虚构出来的,那么这种说法也太简单了。这种巫术或宗教"宣传"论忽视了巫师或术士自身就是虔诚的信徒,忽视了他的行为要完全遵从传统的价值观念,而且,忽视了社会经常要求他们举办宗教仪式的压力。

科学和巫术通常被视作合理的和不合理的两个极端。可是若是把人类的行为截然划分为理性的和非理性的两部分,这条分界线却不易划出来。以技术知识和巫术之间的关系为例,我们会看到，在各种类型的态度和活动中理性和非理性两者的成分都有。有些治病的巫术所使用的物质，似乎确有治疗的作用。另有些治病的巫师则热衷于合理的实验。从另一方面来看，科学在它的实用上也没有完全摆脱这样一些情况：对一些理论观点的非理性的偏见；具有某种理论偏见的人不肯接受和他所持理论不合的证据；还有许多人对科学如此迷信，以至只要说某种说法是有科学根据的，他们就崇拜到不可思议的程度。

让我们来研究一下一般人认为的巫术是什么。一般人认为，巫术是运用仪式和咒语使人的意志在外界实现，根据人能控制外界的说法，达到某种实际的目的。但是在我们看来，这种行为的前提是错误的。根据巫术的实际的目的，可以将其分为很多种类，或为增多财富，或为保护现有的利益，或以恶意和复仇心理加害于人。下面就是巫术的分类表：

目的和范围	社会方面
A 生产性的： 狩猎的巫术 农业中增加土壤肥力、种植、收获的巫术 唤雨的巫术 捕鱼的巫术 造船和航海的巫术 经商的巫术 爱情的巫术	或是个人为本身的利益而施行的，或是由专门的巫师为别人或整个社会的利益而施行的。这类巫术是社会所认可的，它能刺激人们努力工作，是经济活动组织中的一个要素。
B 保护性的： 保护财产的禁忌 收债的巫术 消灾免祸的巫术	施行情况同上，为社会所认可。对社会控制有刺激力，并是其中的一种力量。

治病的巫术 旅行平安的巫术 对抗破坏性巫术的巫术	
C　破坏性巫术的： 兴起风浪的巫术 毁灭财产的巫术 使人害病的巫术 使人死亡的巫术	妖术：施行情况同上，有时被社会认可，有时不被认可。经常是一种社会控制力量。 邪术：有时有人想使用它来达到害人的目的，可是实际上是否真的有人施行，很可怀疑；有时只是猜测有人在施行这种巫术害人。被认为是不道德的。它可用来作为解释失败、不幸和死亡的一套说法。

这个分类不一定要和使用当地土语的巫术分类相一致，后者的分类更具体，每一类都有名称。有时生产性的巫术只使用一般的“咒语”，而保护性和破坏性的巫术则使用特殊的咒语。

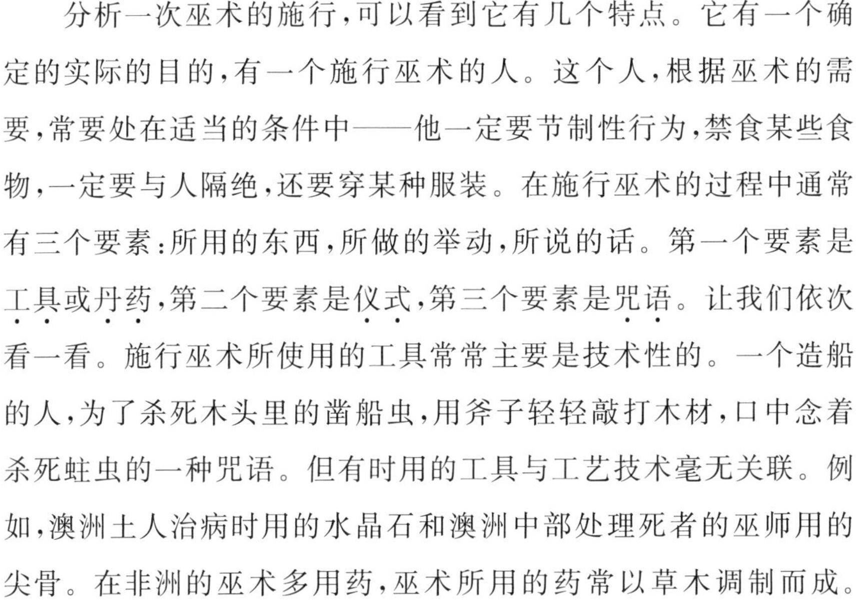

分析一次巫术的施行，可以看到它有几个特点。它有一个确定的实际的目的，有一个施行巫术的人。这个人，根据巫术的需要，常要处在适当的条件中——他一定要节制性行为，禁食某些食物，一定要与人隔绝，还要穿某种服装。在施行巫术的过程中通常有三个要素：所用的东西，所做的举动，所说的话。第一个要素是**工具**或**丹药**，第二个要素是**仪式**，第三个要素是**咒语**。让我们依次看一看。施行巫术所使用的工具常常主要是技术性的。一个造船的人，为了杀死木头里的凿船虫，用斧子轻轻敲打木材，口中念着杀死蛀虫的一种咒语。但有时用的工具与工艺技术毫无关联。例如，澳洲土人治病时用的水晶石和澳洲中部处理死者的巫师用的尖骨。在非洲的巫术多用药，巫术所用的药常以草木调制而成。

赞德人所知的药有几千种以上，但一个人所知道的和所用的只是其中的一小部分。葱头的叶子有时是生吃的，有时是跟芝麻和盐一同煮了吃。寄生植物经过制造可以发出哨声，使它有魔力。蔓藤制成药用来围在田园四周，还可以绕在人的手腕上驱邪避凶。在班图语系中，“药”字和“树”字相同或相通。有人说有些药确能产生生理上的效果，但是大多数是没有作用的。在妖术中使用的药，或据信可以使用的药，常含有奇奇怪怪的东西，如鳄鱼的脑、人的肉或脂肪、婴儿的胎衣。收集这些药材时一般要注意特殊的条件，这些药材就像《麦克白》一剧中女巫大锅中煎制的材料。这些药材时常收藏在特制的容器里，容器本身就可能有巫术的效力，或至少它标明里面装的是哪一种药材。本巴人的丹药藏在羚羊角、小葫芦或小布袋里。在葫芦里、布袋里带有求福的、求名的和防疾病的巫术，在小小的非洲羚羊角里带有狩猎的巫术，但在野鹿角里一般是带着害人的巫术。这种鹿在本巴人中名声很坏，他们认为它是一种不祥之物，酋长和孕妇是禁忌食用的。巫师用这种鹿角里的药，可以镇住仇人的灵魂，让它返回坟墓。

按非洲人的说法，巫术的力量是在药里面，这和大洋洲的巫术不同，大洋洲人认为巫术的力量是在咒语里面。

巫术的仪式多种多样，但在本质上它的作用是使巫术和它的对象相接触。有时巫术仪式完全是技术程序，例如一个蒂科皮亚渔人一面念着咒语，一面把钓钩放下水去。他不用药，也不做任何明显具有仪式性质的动作。但有时人们的某一种举动没有什么实际意义，如在特罗布里恩德岛上，一个造船的人用一束轻的草在船舷上扫动，嘴里念着咒语，好使这只船船身轻，速度快。

咒语在巫术中是极重要的——马林诺夫斯基认为它是巫术的基本组成部分，是人们所相信的巫术力量的来源。据说有少数巫术仪式不念咒语，但可能是举行仪式的巫师在心里念咒语。在许多地方，如毛利、特罗布里恩德岛或多布安，咒语的字句是规定好的，不能变的，以至念错一个字就会破坏巫术的效力。但在别的地方，尤其是在非洲，咒语的字句是可以变动的，咒语用的是对话式的，吩咐药物发生效力，巫师可以随意修饰咒语的句子。遇到有固定说法的地方——即严格规定好的咒语——就采用传统的格式。咒语采用头韵法和拟声法，通过用字的发音暗示想要达到的目的，传达希望产生的结果。在蒂科皮亚，当人们调制红色染料时念的咒语中就有珊瑚树花和生姜的血红色，鱼的淡红色，带红边的叶子等词句。用语讲究修辞，引用神话中的典故，都是常见的情形，他们还使用一些含义隐晦的或古体的词，这些词除了作为巫术的咒语以外，没有任何意义。马林诺夫斯基坚持说，这些字句不是用来说明什么，而是一种活动的方式和一种对意愿的表白。巫术里的咒语，其实只是把人们迫切的愿望，用字句表达出来；仪式和咒语是人们用手和声音激起大自然的力量。

凡是看见过或从书本上得知巫术的人，一定会提出一个明显的问题：既然这些巫术所根据的原则和我们认为真实的原则完全相反，为什么它们会存在呢？为什么施行巫术的人会不明白巫术的谬误呢？很久以前，爱德华·泰勒指出过四个理由：第一，巫术所要达到的目的，有些确实达到了，不管是由于别的原因达到的，还是因为巫术所做的事和所用的药，确实发生了效用。第二，巫师会使用诡计蒙蔽信徒——虽然总的说来，巫师自己是和别人一样地坚信巫术是灵验的。第三,有效的例子比没有效的例子,更受到人们的重视——甚至在我们自己的经验中,也常常忽略那些不符合自己意见的事情。第四,认为对方也在使用巫术来对抗或抵消这边所施行的巫术。如果施行巫术仪式没有达到目的,人们就认为是没有遵守仪式的规定,或是有人在暗中用巫术进行破坏。1931 年一些巴布亚的巫师表演死狗复活的巫术是一个很好的例子,它使我们看到巫术的理论如何运用其固有的原则,以新的说法保护自己,抵制对它的攻击。这个试验是政府官员叫他们做的,在旁围观的欧洲人认为试验是失败的,于是觉得这些巫师是大骗子。但是巫师们仍相信自己的能力,他们辩解说:首先,这次表演的场合不合适;第二,杀狗的方式不对,使他们不能在残留的一点生机上施行巫术,生机未绝这一点对于使狗复活是很重要的。在场的巴布亚人都觉得这个表演原来是可以成功的,狗确实已在复活,但是村子里一个警察过分热情的干涉把事情搞坏了,使得狗又死去了。从这件事上可以看出,对巫术的信仰和巫术的施行不能简单地归之于人们的愚昧和轻信,而必须从人们接受关于事物本性的某种假设及其推论这方面来解释。巫术的力量在于人们相信这些假设是有根据的。人们为什么这样坚定地相信这些假设呢?要明白这个问题,必须要了解巫术在社会生活中起什么作用。

人们不是为行巫术而行巫术,每次施行的巫术都有直接要达到的目的,巫术是和其他我们认为合理的行动联系在一起的。若是我们详细分析生产性巫术和它所联系的生产事业两者的关系,就能见到巫术对于生产事业确有一定的作用。马林诺夫斯基对这种作用作了令人信服的分析。第一,生产性巫术为它所联系的技术活动披上一层神圣的外衣，使从事技术活动的人慎重行事，不敢疏忽，他们害怕，如果他们疏忽就会受到惩罚。第二，生产性巫术又常为实际生产活动确定步骤。根据巫术的计划安排，各个阶段的生产活动必须在适当的时令进行，以便使巫术能以适当的顺序来进行。这样，巫术成为有用的组织力量。此外，马林诺夫斯基曾着重指出，巫术还有一种更普遍的功能，就是它能增加当事人的信心。这里需要用巫术来对付的主要是那种结果没有把握、成败不能预测的事情，如农业里的水旱虫灾，航海里的风浪险情，商业对手的意向，所爱的人的变化莫测的感情。生产性巫术声称人的力量能战胜自然，使人们胸怀目标勇往直前，深信通过自己的努力，能获得成功。从这个观点来看，巫术即使露出了假象，人们也不会抛弃它。因为巫术已和人们的感情深深地、紧密地结合在一起了。

上述那种从心理学方面来解释巫术的学说，就其大体上说来，是可以相信的。但是不可能用它来解释一切情况，确有这样一些情况，虽然人的知识不能预见结果，却不使用巫术。蒂科皮亚人不用爱情的巫术；阿默勒尔蒂岛的马努人不用航海的巫术，而是凭着自己的技术和勇气来对付狂风巨浪；而特罗布里恩德岛民在爱情巫术和航海巫术上都达到很高的程度。这样看来，巫术不过是用来对付不可预料的事情的一种文化手段。有人可能依靠一个慈悲的上帝，有人依靠概率论——科学的另一个名称，有人却既不信科学，也不信上帝，只相信宿命论。至于说为什么在各种社会中运用巫术的情况不同，其他几种应付不可预料的事情的办法也不同，人类学和心理学至今还不能作出圆满的解释。有一种普遍的说法，把它归结于历史的进程，可是为什么历史会使各社会采取不同的手段，却又难以说明了。

保护性的巫术也有它显著的功能。假如我们相信它有效的话，这类巫术是保护个人的权利的，虽然它并不能对侵犯权利的人有什么实际的惩罚，但确实可以使愤怒的被侵犯者得到宽慰，减轻他要报复的心理。埃文斯-普里查德曾指出，赞德人相信巫术是一种惩罚的手段，能致犯罪者死命，这种信仰是一种使人们“出气”的比较无害的好办法，比用镖枪致人死命，对于社会的破坏性要小得多。

现在我们可以分析一下破坏性的巫术。让我们先比较一下几个社会的破坏性巫术的型式。毛利人的破坏性巫术的主要步骤是念着强有力的咒语，毁损对方的一些衣服、头发，指甲，甚或粪便。中部非洲赞德人有一种邪术叫“曼古”，他们认为这是从人身体里的某种物质中发射出来的。哪一个人有这种物质，可以由代替神发布神谕的祭司诊断出来，或者死后剖尸时发现。在赞德人看来，普通的巫术和邪术是两类完全不同的东西。若比较这两个地方的巫术，就可以看出：毛利人是不用丹药的；破坏性巫术和生产性巫术是同一大类的；确有人使用破坏性巫术，它的效力要靠使用和受害者相关的物件。赞德人的生产性巫术和毛利人的很相似，但赞德人的破坏性巫术比毛利人的多。赞德人也使用巫术，并遵照一定的方法去做；但与此同时存在的邪术却没有一套程序，也不使用和受害者有关的物件，实际上不可能由人来行使。这两种破坏性巫术并存的情况在非洲、澳洲以及美拉尼西亚的一些地方是常见的。但是在波利尼西亚却见不到。

据斯坦勒说，澳洲德利河人确实实行两种破坏性巫术：一种是

掀起风浪和损伤敌人的巫术；一是烧毁或埋葬对方的相关物件以招致疾病和死亡的巫术。此外，他们还相信一种十分可怕的巫术，叫做“玛玛克皮克”，据说能偷走一个人肾里的脂肪使他很快消瘦致死。和赞德人的“曼古”一样，从没有人真的见过肾里的脂肪是怎样偷走的。虽然有人被指控为使用这种邪术，但是从来没有人承认过，只是从病情推测病人受了这种邪术的暗算。和“曼古”的行使者不同，“玛玛克皮克”的行使者没有从他的身体里发射出有机的奇怪的东西。在个别情况下，有人确想按传说的方法偷取别人肾里的脂肪，当然没有成功。在美拉尼西亚一些地方，人们十分相信一种破坏性的巫术，它的主要部分是不可能施行的；但有些人却自称会施行那些巫术。例如，瓜达卡纳尔岛的“维莱”和新几内亚东南部的“瓦达”。据说用这种巫术能使对方昏迷，在割取他体内的重要器官后再无影无迹地把伤口合好，让他苏醒，过了一个短时间，他就死了，死前并不能说出伤害他的人是谁。这种巫术和澳洲的“玛玛克皮克”的主要不同之点在于有人自称使用过这种巫术。

所有这些破坏性巫术都有一些共同的组成成分，尽管各地方的侧重有所不同。另外，可以很清楚地把它们分作两种类型，一种巫术的施行是假想的，另一种是确实举行某种仪式的。人们通常把前一类称为“邪术”，把后一类称为“巫术”，虽然这两个词并不总是这样使用的。

以上我们对巫术所作的大量分析也可以用来说明宗教。宗教所根据的假定在我们的理性范围之外，它使用各种仪式和仪式用语，为了达到它所祈求的目的，经常要求由适当的人来主持仪式。

但是也有人提出它们之间有许多不同之处。例如弗雷泽所定的区别标准，是一般人都用的。他说，巫术是人运用咒语的力量来控制自然，而宗教却是通过祈祷求助于神灵。马林诺夫斯基又从功能上说明这个区别。他说，巫术是一种单纯的信仰，人们相信，使用咒语和仪式，利用有限的技术，就可以达到某种实际的目的。宗教是一套复杂的信仰和活动，宗教的统一并不在它的活动形式或活动内容上，而在于在宗教活动中获得自我满足的功能上。皮汀通采用了一种交叉的分类法，他认为宗教是超自然的思想体系，而巫术是这体系在实际事务中的应用。所以依照他的定义，在很多通常认为实质上是宗教的活动中，也存在巫术的成分。还有许多作者强调巫术和宗教不易区别，他们宁愿把这类活动从整体上称为巫术-宗教活动。与此相联系，还有两点要进一步指出的。巫术经常是由个人来实行的，它使一个人在利益上和感情上反对他的同伴，结果是制造人与人之间的冲突，而不是消除冲突。宗教则是社会性的，人们参加教堂举行的仪式，它的基本目的是使个人适合社会环境，引导人们在内心求得安宁，与他人和谐相处。因此，有人以道德标准来区分巫术与宗教。从社会的观点来看，巫术常是坏的，而宗教是好的，是有社会价值的。我们说邪恶的巫术，但从不说邪恶的宗教。

如果只使用一项标准，巫术和宗教是容易区分的。但是若使用多种标准的话就不容易区分了。下表表明，许多通常认为是巫术的内容，可以在通常认为是宗教的仪式中发现，反之亦然。

巫术和宗教的交叉分类

I 通常所谓 **巫术** 情景中的 内容	断言人具有超自然的控制力量 用咒语来命令服从 在仪式中使用有威力的巫术物质（丹药） 相信超自然的威力（例如“玛纳”） 为个人利益而操作巫术	**基本上是巫术的内容而在宗教中也常见到** 话语的强制力 应用物质的和其他形式的象征物（如十字架）以及偶像、幻象 用来为部分人或个人的利益服务
II 通常所谓 **宗教** 情景中的 内容	依靠人力之外的助力 用祈祷来请求帮助 仪式中使用象征物、献祭和牺牲品 相信有神灵 集体参加（如教会）	**基本上是宗教的内容而在巫术中也常见到** 通过神灵的作用来控制 集体的物质利益 求雨的祈祷 为生产工具和经济手段及经济附属物祝福

在基督教会里，祈祷可以用来获取当前的实际利益。仅仅在几年前，在泰晤士河口湾有一支捕银鱼的船队在捕鱼前请了个乡区牧师为他们的渔网祝福；市长帮着拉网；收获物分送给内阁的阁员和有三百人参加的商会举行的银鱼宴会。1935 年，奥地利的红衣主教向汇集在下奥地利的圣克里斯托森的所有汽车祝福，参加这次典礼的有奥地利的商业部长和当地政府官员。这和许多简单社会中对于生产工具的供奉和随后举行的仪式性宴会极为相似，然而后者总是被称为巫术。这些祈祷者总是代表一部分人的利益或个人的利益。如在我们的教堂里祈祷求雨，所求的雨并不会赐福于全社会的人。在战时教会各派的全国联合祈祷，是在更大范

围内为部分人的利益而祈祷。可见宗教和巫术一样,是用来求取实利的,它和经济及技术是密切联系的,是代表一部分人的利益的。

祈祷的基本态度是请求。但是有不少祈祷方式从用语来看,却有命令的性质,有人认为坚持不断的祈祷一定会得到回答。认为上帝会回答祈祷,这个想法也是一种主张,认为话语的力量可以带来我们希望得到的结果。

在许多大洋洲社会中,通常认为是巫术的事很可能含有通常认为是宗教的内容。以蒂科皮亚人为例,一个捕鱼的人,把钓钩放入水中,口里念着咒语,要鱼上钩。他只是在向鱼说话,并没有求神赐福,但他并不是在命令鱼服从他,他也不相信只靠他的话就能迫使鱼服从。他对鱼说话就像对人说话一样,用花言巧语引它上钩。他相信鱼能听到而且爱听他的话,虽然他不能肯定这一点,因为鱼是在深水海底,他看不见鱼的踪迹。他同时又求助于鬼神、祖先和保护神,求他们帮助他把鱼引上来。[①]在这里,命令和请求,相信自己咒语的力量和鬼神的力量,都和他自己的实际处境交织在一起,以至若是要把巫术和宗教的内容分开,必须一句一句地,甚至一个字一个字地把他念的咒语拆开才行。在这里所求的神也是在重大增产典礼(蒂科皮亚人举行的最高仪式),或者在成年、治病以及丧事等人生重要时刻的仪式中所崇拜的神,而这些仪式在分类时只能归入宗教一类。

我们若回头再看看上面那张表,就可以见到我们所研究的巫术和宗教并不是截然分开的,而是有各种各样的联系,如我们说到的那样。我们至多只能在大体上说,某一项行动在某种情况下发

生，它主要的性质是巫术的，还是宗教的。在极端的二者之间还有一种中间类型：巫术和宗教的成分如此紧密结合在一起，以至可以把它的性质称为巫术-宗教，或是宗教-巫术。事实上，这种中间类型是常见的。

关于这种分类的论点是复杂的。过去有许多人类学者认为对神灵的信仰比对超自然力和人的控制力的信仰复杂，它在人类进化阶梯上比较高，是在人类发展的后期发生的。现在有一些人类学者仍持这种见解。按照这个观点，人们把两种成分结合的情况说成是转变期中的现象来解决分类的困难。鉴于我们对世界上许多地方的宗教制度历史发展还不明了，上述的看法与其说是解决问题，不如说是逃避问题。

现在我们可以来研究那些基本上可以称为宗教的信仰和活动的性质和功能了。今天我们不必像五十年前泰勒那样还要设法证明，任何民族，不论它多么不开化，都有宗教存在。这种“宗教”，不一定是我们所熟悉的那种形式，但它的确是宗教，而且在该地人民的生活中占有很重要的地位。它可能包括那些骇人听闻的行动——猎取人头、吃人、人祭、毁伤体形等。它也可能包括那些看起来幼稚和荒谬的信仰，如相信石头树木都会走动和说话，崇拜鸟兽，对于普通习惯的禁忌，或是崇拜那些对人体有害的污秽的东西。但它也包括那些比较富于想象力甚至很美的信仰、增产和繁殖的典礼、自然现象的人格化，以及关于这些事的传说。这种种信仰看起来奇怪地混杂在一起，因此我们可能在一个民族的宗教生活中见到各色信仰同时并存的现象。刚从西方来的人，尤其是基督徒，每每认为宗教的要义是内在的感觉、个人的体验和深刻的感情，因之，他们起初对别的性质的宗教常缺乏同情和了解。有些宗教，如北美的宗教，也偏重由个人体验形成的幻象，很富于激情。但是许多非西方的人民的宗教却不是这样。对于他们来说，信仰是坚定的，是理所当然的，不需要受到教义上的盘诘和审问。一个人以他的行为和参加祭礼的举动来证明他对于宗教的虔诚，而不是求证于他内心的信服。信仰这样宗教的人会同意那些基督教使徒的主张：信仰必须由善行来证明。而且，个人静修，个人和不可见的神相通，一般不是部落宗教的特点。最常见的仪式是公众集会。迪尔凯姆因之在他的理论中认为，宗教实质上意味着一个教会，上帝的概念其实不过是社会本身的神圣化罢了。

看来在每个社会中，人们都相信神灵的存在和超自然力量影响着人类的活动。这一点给泰勒如此深刻的印象，他因此给宗教下的最简单的定义就建立在他所谓的泛灵论的基础之上，认为宗教是对神灵的信仰。当我们想到宗教时，总会想到上帝或神灵。但是非西方宗教一般崇拜的神力很难按这样分类。在澳大利亚，宗教信仰被认为是一种先天存在的精灵，通过超人的部族英雄人物的作用，附着在各种有生命的动植物上和自然物体上，有时也附着在人造的手工艺品上，如牛角号筒。他们把它看作是神圣的，它成为有关丰产和人生关键时刻的盛大典礼和技艺活动的中心。此外，在达利河，人们相信有鬼，还相信有妖精，它们会显现出来吓人。在澳大利亚的许多地方，人们信仰一种超自然物，叫虹蛇，它被尊为文化英雄，人们把很多最重要的创造功绩都归功于它。澳洲东部有些部落据说有一种超自然的存在物，可以归入神一类里，名叫“白阿梅”或“达鲁穆卢姆”，但是它在宗教生活中究竟占什么地位，却不很清楚，在调查过的其他澳洲地区没有这样的概念。

经过广泛的调查，多数部落民崇拜的超自然的信仰对象可以分为两大类：一类被认为是源出于人的，一类被认为是非出于人的，虽然它们可以有人的特性。

源出于人的一类信仰对象，如精灵、神力或来源于人的活力，内容很复杂，我们在世界各地所看到的种类，和我们自己所采用的分类不尽相同，在某一地区的各个社会的种类也不一样，所以讨论时颇为困难。我们大体上把它们分为肉体和灵魂两类。但是我们还有其他的概念用来说明一个人的不同的方面。我们说人的“活力”，一半是指他的生理特性，一半是指他的心理特性。我们还说人的“个性”，一般是指个人的心理，尽管经常用来说明他的社会特性，即在他与别人的接触中别人对他的个人特征的印象。这类概念在其他许多民族也有。但是我们所惯用的语言和思想既然把它们清楚地划分为自然的和超自然的，心理的和精灵的，我们就会很容易地把我们的分类直接用到别的民族的分类上去，或是觉得他们的分类混乱得连他们自己都弄不清楚。我们常想把他们的概念硬译作“灵魂”、“个性”、“潜意识”，或是把他们的信仰看作是多元灵魂的理论。

实际上他们所做的就是把人的各种不同的感受和人类活动的非物质方面用和我们多少有些不同的方式组织起来。在翻译他们用来划分与我们不同的信仰的名词时，我们只能求其大致相近。这并不是说我们不能理解他们的信仰，而是因为我们的词汇分类方法和他们的不一样。

我们不可能在这里把非洲和大洋洲诸民族所表现出来时人的

感受和个性的各个方面全部列举出来。只能提出最一般的四种：一是非物质的要素或生命要素；二是生命要素在梦中的类似物；三是生命要素在影子中的类似物；四是人死后仍然存在的生命要素，可以称为灵魂或鬼魂。[2]其中有些往往是相互一致的。

人的非物质要素和肉体是相对应的，它无影无踪、模模糊糊、没有形状，像是一种无形的流质。据信，人依靠这种要素才能健康地生活。若是把它从人体中抽出去，人就会生病，若是无法使它再回到身体中来，人就会死亡。人们往往认为，害人的巫术是从损害别人的生命要素入手的。因此，古代毛利人离开座位时，要在背后做一个挖掘的动作，意思是把留在座位上的一部分生命要素收回来，以防巫师在上面施行巫术加害于他。毛利人认为，这种非物质要素分为三种："毛里"、"豪"和"奥拉"；每一种都是身体健康所必需的，它们会因不同的方式受到损害。至于三者的关系，我们还不明了。自然物体也会有它们的非物质要素——有些作者称它们是灵魂要素。在蒂科皮亚，把一堆新鲜果品放在祖坟上，他们相信祖先的灵魂会来把这些鲜果的要素"奥拉"摄去，留下有形的物质。人们说："我们看不见灵魂来拿东西，但是我们知道它们把奥拉取去了，因为这些果子枯萎了。"

在有些社会里，人们认为做梦与生命要素有关联。在另一些社会里，对梦又有不同的解释。梦在非洲或大洋洲人的生活中起着重要的作用，他们不但从梦这个现象上来构造他们关于灵魂和鬼神世界的理论，而且梦时常能左右人的行动。他们把梦视作一种预兆，预示着是否已经怀孕，是男婴还是女婴，应当到哪里去打猎，事业能否成功，以及生病和死亡等等。人根据这些预兆来决定他们的行动。

有些民族把人的影子看作纯粹的物质现象，但是有些民族却把它联系到人的个性上去，或是认为影子触到本人的身体就产生一种类似病毒的传染力量，或是认为影子和人的生命要素有关，甚或把它看成和灵魂有关。镜子或水面反射的人像也被视作是个性的非物质要素的表现。画像或摄影都是人们所不愿意的，因为这些都被视作是这种要素的投射。因此，摄影被简单地认为是摄去了他的个性。除了把这种精神要素和影子及人像联系在一起，他们还认为这种或那种精神要素是依附在身体的某一部分上的，如胃里、眼睛背后或背上。如果认为它是附在后背上的，在背上猛击一掌就会引起严重后果！

几乎在任何人类社会中，都有一种信仰，相信一个人在肉体死亡后并不就此消灭，而是继续存在于非物质的形态中。在有些社会中，对于死后生命的继续和灵魂的未来，并没有明白的概念。在阴间的灵魂不一定被认为是永生的。例如伊拉人就相信死人的游魂能由巫师来制伏，他把它收入一个瓶子里，丢在荒地上由野火来把它烧掉，或是沉入河底。在另外一些社会里，人们认为灵魂将永远活着，不能被消灭。他们可以把阴间世界说得很详细，有多少层，有多少极乐世界，在什么地方死者可以和亲属相会，或会见和他身份相同的人或同事。很少认为灵魂在阴间的地位是决定于现世的善恶，即使有这种说法，所谓善事，也多指举行过多少次宴会，展示过多少财富，或战争中表现出多大勇气，而不是看他在日常生活里的善举。

对死后灵魂继续存在的信仰发展成为祖先崇拜制度，这在中国、波利尼西亚和非洲是很常见的。在这些地方,死者的鬼魂在天堂里并未完全安息,而是经常注视着他的子孙在做什么事,子孙有疑难时可以找他们商量,他们甚至附在别人或其他东西身上去重游故地。

让我们看着非洲东南的伊拉人和波利尼西亚的蒂科皮亚人在这方面的信仰情况。伊拉人相信人死后变作牲畜。按这信仰,凡属于狮子氏族的人死后就变为狮子,它们会把捕获的猎物作为礼物送给人。它们看到老朋友在跑时,就追逐他们。当被追逐的人站住,用它做人时的名字叫它,它就离人而去。蒂科皮亚人也有类似的信仰,认为祖先可以转世变为老鼠、蝙蝠、鱼或鸟,并常显形为人。一头行动正常的牲畜"只不过是头牲畜",但如果它的行动反常,看到人时,人恐吓它它也不逃,反而向着人走来,这头牲畜就是以牲畜形式出现的人的灵魂,必须用人的名字称呼它。这是一种普遍的信仰,可以称为教义,它认为人的灵魂可以以牲畜的形式出现。有些事实需要解释一下。狮子并不总是不肯放过它捉到的东西,也不一定会伤害它所追逐的人,蝙蝠和鸟也不是肯定一轰就飞的。它们的行动不一定总是循着"自然"的方式,有时它们也会有"不自然"的行动。这些不自然的行动就成为土人信仰的来源。对某种特殊现象的解释本身并不是一种教义,不过是从一般原则得到的推论。在这一点上,泰勒的学说是正确的,他指出是泛灵论的信仰对这些现象作出解释。他认为对各种神灵的信仰只是对两个哲学问题——梦和幻觉的性质、生和死的区别——的理智的反应。而在我们看来,这种信仰并不只是出于理智的反应,它是出于很复杂的生活需要。一个人对于自己以及和自己生活有关的人的希望

和恐惧都是产生这种信仰的根源。人们相信神灵可以附身、变形，灵魂可以转世、再生，所有这些都是死者和生者相互交往的途径，死者通过这些途径可以再次参加他们已离开的生活。凭借这种信仰，人们在难以作出决定时可以获得启示，不致使自己显得一无所知，只能听任命运的摆布，这样也使他们的感情有所寄托。

这些信仰如何发生作用是可以说明的，至于他们为什么要采取某种特殊形式就不容易说明了。伊拉人相信灵魂转世之说。他们说几乎每一个人死后迟早会回到这个世界上来，通常是在孙子身上转世。鬼魂甚至吵着要重生。为确认新生婴儿"真正"是哪一个人，他们在母亲给孩子喂奶时，当众诵读列祖列宗的名字。在孩子开始吸乳时所读到的那个名字就是在孩子身上转世的祖先。蒂科皮亚人没有祖先转世为人之说。他们取名时，常用已故的祖父、伯父、叔父或其他祖先的名字，可是他们并不认为活着的人是死者灵魂的转世。他们只相信同名的生者和死者之间有特别密切的关系，生者可以要求那同名的祖先帮助他和保护他。他和这个祖先被称为"联名的"。有时祖先的灵魂会附在子孙身上显灵，他也可能附在别人身上。蒂科皮亚人的鬼和伊拉人的鬼一样，都很想再以肉体显灵，但蒂科皮亚人的鬼不再投胎，只想吃喝一顿，嚼嚼槟榔，谈谈天，他显灵只是一会儿时间，很快就回阴间去了。他只是暂时的附身，不是转世再生。但是蒂科皮亚人和伊拉人的信仰和实际行动都表示他们对死去的祖先的亲密的感情，他们利用这种感情来增添生者个人品格的光彩，为他们的行为树立某种标准。至于这两个地方的人怎么会有这种信仰，那是我们所不知道的。

人们所构想的很多种精灵不是由人变成的。比如旷野中的精

灵和海中的精灵、仙女、小妖、农牧之神、水鬼、妖怪等等。单独一个精灵通常没有自己的名字，而是以类别来称呼。此外还有巨大的吃人妖魔，还有保护人的利益的守护神。在有些社会里，自然现象的人格化在宗教信仰的体系中占有很重要的位置。③人们认为有些精灵是自生的。从它们在宗教体系中的重要地位上看，可以称它们为“神”，这种神可以是天地的造物者，可以是神灵世界的统治者，也可以像北美印第安人的许多神话里所描写的那样，是个神骗子。

在这些神灵中，每一种都反映了信奉者的某种复杂的感情和他们生活中的一系列现实的问题。森林之神和仙女一类神灵可以使人们借此发挥他们心理上的幻想，可以解释祸福的来源，可以解释莫名其妙的声音和在黑暗中或疲乏后产生的幻象，还可以解释人们经常看到的大自然中类似人的活动的各种变化。通过文学作品的介绍，这些神灵已家喻户晓。对于文化水平不高的人们，对于不像我们今天这样必须坚持科学态度的人们，这些神灵确能帮助他们“合理地”解释平生奇怪的经历。此外还有一种神灵却和人的更深的感情，和人们遇到的更广泛的问题相关联。北美印第安人的守护神就是一例。从名字上可知，此神是保护某个人的，它指示他如何去获得财富、地位和权力；经过长久的身体磨难和内心的静修，一个人可以看到他的保护神向他显灵。自然现象人格化也并不只是神话中的幻想，而且关系到人类为了达到自己的经济和社会目的在控制自然环境方面所作的努力。毛利人的主管各项事务的神在各自管辖的领域内受到人们的崇拜——司捕鱼和航海的海神、司捕鸟和造船的林神、司种植和收获的农神。对造物主神的崇

拜不仅使世界和人的来源有了理智的解释，而且常给某些社会团体以占有特殊地位、享有特殊权利的凭证或资格。这些高级神的地位是很难下定义的，关于它们的定义和它们在土著信仰中起的作用，常引起很多争论。澳大利亚的“白阿梅”和“达鲁穆卢姆”、波利尼西亚东部的“伊阿”、伊拉人和东南部的班图人的“莱扎”、赞德人的“姆博里”，都被认为是高等级的神，这表明这些地方的人民承认在一般的众神之上有一个主宰，承认在宇宙中有个最终的善恶标准，当然他们的这种认识还是很模糊的。这些神的地位还没有完全搞清楚，这尤其是因为把它们视作最高等级神的，都是些传教士，不能说他们没有教派的偏见。实际上，作科学调查的人也不可能全无偏见。有些人类学者的研究表明，他们赋予这些神的特性往往更明确地接近于基督教中对上帝的看法，而没有反映当地人民的信仰。埃文斯-普里查德曾指出，把赞德人的“姆博里”译作最高之神，会联想起许多神圣的品质如全能、至善等，但这些品质并不包含在赞德人的概念中。赞德人是在恐惧、焦急和失望的时候呼唤“姆博里”的。关于这个神的教义是什么还不清楚，而关于它的很多概念和赞德人对鬼的说法大致是一样的。

这样看来，多数非西方人民的民间信仰主要是多神论的，真正的一神信仰在他们之中是很难见到的。

这些地方对于神灵的观念不仅用教义的方式来表示，而且往往包含在精心编造的一整套神话故事中。这些神话并不仅仅因为它们是情节有趣的故事而被保存下来。它们为当地人的宗教信仰和仪式提供一种强烈的感情色彩，起到十分重要的作用。它们是从过去的传说里找出可以为现在的大量行为辩护的根据。在关于神灵的观念及神灵和人的行为的关系中,包含超自然力的观念。各地方的人对此有不同的概念,但是大都包含对神性或禁忌的信仰,而且相信存在一种超过普通人力的效力。比如在大洋洲称作“玛纳”的概念和在北美称作“瓦康”和“奥伦达”的概念。关于这些土语和它们的含义,曾有过不少讨论。看起来,这些概念似乎并不代表一种无所不在的抽象的力或自然力,而是指这种力为达到目的和“起作用”所进行的活动的基本特征或基本情况。我在波利尼西亚实地考据过这种概念的含义,我从蒂科皮亚人那里了解到他们解释“玛纳”的意思只是:“我们请求祖先和神给我们赶鱼上钩,或是让庄稼长得好获得丰收,祖先和神也就这么做了,这就是玛纳。”“一个酋长求风势减退,求面包树结果子,如果实现了,那他就是玛纳。”简单地说,“玛纳”就是用神秘的语言来表示的有效力或有力量。

宗教不单单是信仰。人的信仰并不是凭空存在的,而是用来为人的利益服务,使他达到目的。信仰一定要表现为仪式,虔诚要表现为行动。马雷特说得好,“原始的宗教不是想出来的,而是跳舞跳出来的。”——这里所谓跳舞一般就是举行仪式。经济的利益,获得个人名声的希望,要求保护自己的身体健康,避免疾病和灾祸,这些都是行为的动机。和巫术一样,宗教仪式是用一套程序把信仰和愿望联系在一起。仪式是联系信心和行动的桥梁。

宗教的仪礼很多,我们在这里可以举三个例子——对神的崇拜、丧礼、图腾仪式。

在我们的观念中,确切地说,做礼拜是对上帝的虔诚的崇拜、感恩,承认他的权力、他的至高无上和他对我们的爱。这种偏于理智上的意义，常易使我们忽视一个重要的事实，就是礼拜有它的实用性的一面，这并不是技术简单的社会中所独有的现象。礼拜要求崇拜者信仰一个超自然的神，承认这个神高于崇拜者；崇拜者用祈祷或用献祭恳求神的恩赐。所献祭的有时是牲畜，有时只是一个谦卑的、忏悔的心。但是在我们考察礼拜的情形时，总会发现其中有些人是在那里要求满足他们的愿望，献祭时要求得到回报的现象并不少见。礼拜者在他的神面前可以低头屈膝，但是在他的祈祷中，却有不少规劝甚至命令的词句。他献祭时不仅要表示对于过去所受恩惠的道谢，而且要表示希望这些恩惠能继续于未来。他把最先收获的果实献到神的面前，不仅是感谢这次丰收，而且希望神保证他们下次同样获得令人满意的收成。

每个社会都有一套丧礼。一个社会成员死亡了，就有一群人，一般包括死者的亲属，聚集在尸体旁边，为它哀悼，为它安葬。这种集会并不仅仅是自愿参加的结果，而是由有很强的制裁力的传统义务规定的。举哀戴孝也并不是由吊唁者自己的感情来决定的。每个人应当按照规定来哀悼，哀痛的程度都依亲属关系的疏密来规定，按规矩参加丧事活动的人常要为此得到一些物质上的报酬。人们可能认为丧事主要是为了死者的灵魂，为了让他在阴间得到便利和得到幸福。一般是这样的，但这方面往往不受重视。在丧事中很少提到死者灵魂的事，很少举行仪式使灵魂平安抵达阴间并得到保护。大部分的时间用在宴会、交换货物和死者家属未来的安排上。因之，丧礼的主要功能与其说是为死者打算，还不如说是为生者打算。拉德克利夫-布朗指出，在安达曼岛上，一个人的死亡，会使社会群体发生分裂，会扰乱那些还活着的人的感情。丧礼提供一个发泄这种感情的机会，它使人想到死者在社会生活中曾起的作用。丧礼强调个人在所属的社会中的价值，这是它的一大功能；它又帮助人们把分裂的群体重新结合在一起，使人们认识到应当建立新的关系，这是它的另一个重要功能。

图腾仪式是与鬼神崇拜、祖先崇拜和丧礼的性质不同的另一种类型。它包含的内容广泛得多。在澳洲，图腾崇拜最发达和最深入土著居民的社会生活。在那里，图腾崇拜是关于自然界和社会之间的关系的一种理论和实践。它提出对于自然环境分类的一些原则和如何把环境中的这些原则用到人的生活上来的系统方法。它有一套关于自然物种来源的理论和利用自然物种的规则。它还立下一个组织人与人关系的原则。和图腾崇拜有关的仪式是很复杂的，而且各部落的崇拜仪式的差别也很大。当这些仪式形成一定的体系时，有两种十分突出的内容总是可以看到的。第一种是纪念和重温古时候创建文化的英雄的开创性业绩。这些仪式常常是戏剧形式的、丰富多彩的，人们表演在天地开辟之际，人类怎样迁徙、斗争、创业、死亡并由人变成禽兽的。第二种有时是和第一种相关的，即称作“塔卢”的仪式，更常见的名称是“英蒂奇乌马”，这是阿兰达种族举行的与一种被认为具有魔力的幼虫有关的仪式的名称。这些仪式的目的是在维持作为图腾的禽兽或草木的生长或繁殖，虽然称其为“增殖典礼”可能不十分准确。在这两类仪式中，经常连带展出神圣的器皿，上面绘有象征图腾或象征祖先事迹的图案。

关于图腾崇拜的文献极多，从早年麦克伦南的文章和詹姆斯·弗雷泽爵士的巨著，一直到近年拉德克利夫-布朗和埃尔金、

斯坦纳和伯恩特的分析，已有多种关于图腾崇拜的起源和功能的学说。有时它被归入巫术的现象，有时被归入宗教的现象。其实这两种成分在图腾中都是有的。我们且不提分类问题。明显的是，一方面，图腾仪式成为促使土著人民利用周围的自然物的制度，另一方面，它能使他们有集会的机会，展示他们的社会特权，表演神话。总的说来，图腾仪式使一些最基本的价值标准在澳洲土著人民的经济生活和社会生活中以象征形式出现，并重新得到肯定。④

以上关于巫术和宗教的概述，只能对所涉及的几个最重要的科学问题及其在人类生活中所占的地位提供一些线索。然而我们已经可以见到它们和人类文化的其他方面，如经济、技术、社会群体、艺术和原始文学有密切的关系。它们也对人们的情感有影响，这涉及个人的个性和生活。人们也许会说这些信仰和习俗是非理性的，但是它们却使人们的许多理性行为更加坚定，它们还提供一系列绝对的标准，使个人的行为有所依从。它们能给人的行为以约束，帮助一个人树立对于人生和宇宙的总的态度，帮助他处理人与人的关系，帮助他建立对未来的希望。这种种功能足以说明为什么巫术和宗教能顽强地存在下去，甚至当经验似乎已经证明它们谬误的时候。

注　释

① 从 1956 年起，蒂科皮亚人全部成为基督教徒，不再为了经济方面的利益向祖先和传统的神求助。关于他们改信基督教的情况，和基督教对他们传统的仪式和信仰产生的影响，可参考我的著作：*Rank and Religion in*

Tikopia, London, Allen & Unwin, 1970。

② spirit(精灵)、soul(灵魂)和 ghost(鬼魂)这三个词在使用上有不一致的情况。spirit 有时指一切源出于人或非源出于人的存在物或力量,有时仅指非源出于人的存在物或力量。soul 有时指在死亡之前,人(及自然物)的精灵,ghost 则指人死之后的精灵。但有时 soul 用来指人在死前和死后的精灵,ghost 所指的人的精灵则尤其注重它不静止安息,常要来干预人的事。

③ 见书前插图 18,这些是尼日利亚东部戴假面具的跳舞者,他们扮演的是几种精灵。白色的脸上画着细条,穿着有红、黄、绿、黑色横道图案衣服的代表女精灵。尽管扮演者是男性,却也戴着假乳;他们的手上戴有手套,因为身体的任何部分都不能裸露。那个穿着红、白条衣服,戴着很高的木雕头饰的,扮演的是大水兽精灵。身上披披挂挂,戴着角状或齿状面具的,是水牛精。

④ 克劳德·莱维-斯特劳斯在解释图腾崇拜问题时提出了新的理论上的说明。他虽然低估了图腾仪式的实效,但他指出了图腾如何分类以及图腾分类如何作为其他崇拜对象的理性分类的基础——图腾如何"引人深思"(*Totemism*, trans. Rodney Needham, London, Merlin Press, 1964)。

近年来,澳洲土著居民的传统的狩猎和采集经济大幅度减少,所以他们的图腾仪式和信仰也改变了许多。

第七章　人类学在现代生活中

今天的人类学已不是只研究过去，或只研究文明世界以外的原始社会了。它的一个重要使命是探讨在欧化影响下的生活领域，甚至研究我们西方社会的制度，虽然在本书中我们没有对这方面作系统的叙述。在全世界各民族的政府、教育、经济及其他社会慈善事业的实际问题中，人类学证明它是能够作出贡献的。

社会和文化的变迁

在本书中，我们在讨论各族人民的生活方式时，多半是把生活方式看作静止的，把制度看成是一成不变的。这种看法只是为分类研究的方便罢了，正如其他科学研究中假定“其他条件相同”一样。有了这个假定，就比较容易看到具体的行为模式的效果。但是这并不是说，我们真的认为这些制度是静止不变的，或者说我们机信社会是没有时间性的。任何人类学的调查研究都只是限于时间过程中的一个片断。社会制度永远是在变迁之中，不论它变得极慢，慢到在普通的观察中不易看出来；或是变得极快，快到我们很难说有一种固定的制度。目前对社会和文化的变迁的研究已成为人类学的一个重要任务。

一个社会发生变迁，出于两种力量——内在的和外在的。内在的动力包括技术的发明、个人争夺土地和权力、喜欢探求问题的天才们更新他们的思想——即使是在野蛮社会中，也有它的哲学家和改革家，还有人口对生计的压力，以及气候的变化等。有时在这些内在的动力起作用的过程中，社会结构并不发生根本性的变化。亲属群体消亡了，他们的土地和特权按公认的原则被继承；通过派生和分裂形成一些新的群体；个人原有的特权可以因不能履行义务或因反叛失败而转到别人名下；部落的领导权可能落到另外几个家庭手里。甚至有些习俗也会因为难以实行，由大家同意或由意志坚强的酋长作出决断而被取消。这类变化从部落的传说中可以得到证明，而且每一个作过实地调查的人类学家对此都是熟知的，他们没有理由对变迁的确实存在表示怀疑。在这种变化中，社会的"骨架"并没有变，变化的只是血和肉。但是，有时社会制度结构也会改变的，不论是为了和平或战争目的建立新的社会组织，还是有新的宗教派别兴起，都会使传统的体系发生变化。还有，由于人口的压力或对于现存的统治不满，以及爱好冒险而产生的移民，也会有一个适应新的环境，或者适应政治组织上的变化的问题。波利尼西亚文化在各地方的许多差别，就是这种变迁的例子。又如，当毛利人的祖先从塔希提移居到新西兰时，他们不得不放弃树皮布的衣服而穿上新西兰的麻布衣服，并且采取了一种没有集权酋长的部落组织。

文化变迁也可以由外来的力量所引起的，这外来的力量可以是出自本土内部，也可以是由于邻近文明社会的影响。不同的民族互相接触，不论是在和平的或战争的状态中，他们的习俗可以相互不受多大影响。但是在更多的情况下是互相发生影响的。如在安科莱从事游牧业的希马人和务农的伊鲁人，他们在保持各自的社会制度的同时，在生活方式上互相适应。又如S. F. 纳德尔所描写的尼日利亚北部的努佩社区，最初这个社区是由几个文化不同的群体所组成，它们居住在一起后，通过互相通婚、经济上合作和宗教上混合，现在实质上已经是一个小“联邦”的组成部分了。纳德尔为此借用一个生物学上的名词，称这种状态为“社会性共生”。比较更普遍的情况是两个社会各自独立，只是在技术上和行为方式上互相交换意见，这就是一般所说的文化渗透。例如，有些澳洲的部落，有意识地采用别的部落比较复杂的亲属体系和通婚方式，很明显，这是因为他们发现这样做有利于他们同那些部落交往，如不这样做，他们就会产生某种自卑感。

对今天产生更重要影响的和更激烈的文化变迁发生在复杂的文明社会和不发达社会的接触中。在历史上，这类例子本已不少，例如中国文明对于和它接壤的“蛮夷”的影响，罗马文明对于我们自己的祖先的影响，伊斯兰教规对于近东及北非沙漠中的部落的影响都是如此。这不仅仅是在一种社会制度上增加一些新的项目，而社会制度的主要结构仍保持原来的形式，这是生活方式和信仰的革命，是把新的统治和法律的制度强加于一个社会。而且，这种根本性的变化往往是被强迫接受的，那些处在社会发展的初级阶段的人民是不愿意接受强加于他们的东西的。

在现代，这些在文化上强加于人的事是十分严重的。我们西方文明社会在技术上拥有强大的实力，我们想望扩张主权，想望开发新的自然资源，想望为日益增长的生产力寻找新的市场，我们还想使那些我们认为缺乏某些较高价值标准的人民改变宗教信仰——这许多力量综合起来影响着，有时甚至摧毁了技术不发达的人民在长时期中艰难建立起来的社会制度和价值观念。

人类学是一门年轻的科学，只有不到一百年的历史，而且，在一个时期内，人类学家们又从好古的兴趣出发，满足于研究“原始”的习俗，忽视甚至有意排除对非西方人民和西方文明接触后所发生的变化的研究。但是近来，尤其是最近这二十多年来，他们在研究文化接触的后果，特别是研究现代文明世界在文化上强加于人所引起的变化方面，尽了很大的努力。对这项研究，人们各有不同的兴趣：有人是为了科学也为了好奇去研究这些深刻的变化，希望能够找到一些变迁的规律；有人是认为，若是要控制这些变迁使之最符合人民的利益，一定得先明了它们；有人是认为我们的技术发展和道德标准有很多对落后的人民有用。在有些情况下，也有人采取相对论的看法，认为任何一种社会的制度和价值观念，即使是最简单的，也是由于某种需要而产生的，所以只要有可能，都应当尽力保存。

因而，有些人从理论上，也有些人从应用上来研究文化变迁问题。从理论出发的，目的在于查明在任何一个社会中都存在的文化变迁的事实和条件、引起变迁的原因、对人民生活产生的影响，理论研究还可以提供解释所发生的情况，甚至预测将要发生的情况的一般原则。从应用出发的，则要考查变迁的结果是否适合人们的需要，是否有可能产生某些结果，而避免另一些结果，是否可以改换一组制度，而不致过分破坏一个社区的共同生活。

在理论方面，研究工作的新颖性和复杂性在于，虽然主要的问题已有了定论，研究的方法已经制订出来，材料也收集了不少，但是在主要原则的发现上还没有很大成绩。研究的材料，大多限于人类学者在实地的观察——例如，一个实行一夫多妻制的社会[①]接受了一夫一妻制的法律或教规之后，产生了什么结果；在一个农业社会中用犁代替了本地的锄头，有什么影响；在本来由酋长决定或由部落舆论来决定分配土地的体制中，实行由官方登记来决定土地所有权的办法后情况如何；许多强壮的男子出外做工挣工资，村落和家庭的经济会有什么变化；农产品可以输出成为商品之后，亲戚间的义务和经济上的互助制度如何维持等等。此外，研究者还得设法利用叙述过去发生过什么事情的当地的传说和欧洲人资料中的记载，作为对实地观察的补充。对变迁的研究牵涉到事件发生的时间顺序，这使人类学家兼有历史学家的身份，虽然对于一个人类学家在这方面应起多大作用，至今还没有一致的意见。有人主张，人类学家应当尽力作历史的研究；也有人主张，他的主要任务应当限于研究他亲自观察得出的文字材料和他听到的口头报告。近年来，一些历史学家也用他们的专门技术去研究技术上不发达的非西方社会所发生的变迁。但这样的历史学家还寥寥无几，看来人类学家目前只好身兼二任了。

人类学家在这方面研究的成就，至今主要是在阐明特定的社会制度发生变迁的原因和产生的结果。马林诺夫斯基所极力主张的社会制度的功能相互联系的理论，在这方面的研究中曾起过很重要的作用，但是现代人类学家的分析更多地着重于权力关系。[②]

奥德丽·理查兹在赞比亚的工作可以说是这类研究成果的一个早期的例子。她指出，在本巴人的新的政治制度下，政府只承认酋长的权力，原有的世袭宗教机构却被忽视了。这个机构以前曾是部落的议事会，现在却没有给它明确的地位和任务，这些机构所从事的工作也得不到任何报酬。有一次，政府要求酋长采取一系列的新的立法措施，然而酋长没有一个代表部落舆论的机构来为他提供咨询。而且由于部落间的战争被制止、猎象取象牙被禁止、无偿劳役受限制，以及使用欧洲的货币结算标准等原因，酋长以前可以获得的财产再也没有了，他无法继续维持咨询机构和行政机构。他从政府那里得到的收入不够支付这种开销。结果，赞比亚（那时称为北罗得西亚）的历届政府都报怨酋长不制定新法律来改善人民的生活——其实，在那种情况下即使立了法律，也很难说有实施的可能，尽管部落的议事会还是无偿地做了不少工作。[3]

F. M. 基辛所研究的萨摩亚是另一个早期的例子，可以用来说明外来文化的强制侵入，怎样使原有的文化解体。从前，每个萨摩亚社区都有一个女子做仪式的女主人，她是个出身高贵的处女，被称为“陶波”，她是全村的骄傲，并在一定程度上处在村子的政治组织和社会组织的中心地位。在仪式中陶波处于最高荣誉的地位，在高级的典礼中，她替酋长和演说者调制“卡瓦”酒，她要为全村招待来宾。大家要尽力保护她，一直到她出嫁。由于她的强有力的社会联系和她的美貌，总是由酋长娶她，结婚时要交换大量的财富。这种陶波制度助长人们炫耀财富和好客的风气，同时也促进了经济生活以及货物的分配，还可以因通婚在政治上建立重要的联盟和很起作用的亲属关系。但是现在陶波已很少见到，即使在较保守的社会里还存在，活动也大不如以前了。发生这种情况的原因表明，萨摩亚的生活总的讲已经发生了变化，虽然人们还在为他们能保持古风而自豪。一百年前建立的传教机构直接打击了陶波制度。传教士对随从陶波的青年女子不满,因为怀疑她们生活放纵,以陶波为中心的跳舞曾经一度被严加禁止。本来在宴会中做卡瓦酒的卡瓦根是由陶波的女友们嚼烂了和在酒里,因传教士反对,改由男子们用石块打烂了和在酒里。酋长娶几个陶波为妻的多妻制习俗被禁止,以至“在陶波婚姻市场上供过于求”。陶波在结婚时要公开证明她是处女这一习俗也被传教士禁止。还有一些间接原因也对陶波制度的消灭起了重要的作用。由于可以出入教堂和参加其他活动,萨摩亚妇女的地位有某些改变,使她们在公共生活中有较独立的地位和权力。结果,其他妇女,尤其是上层妇女,现在有权利反对陶波在乡村生活中的突出地位了。各乡各岛间因陶波制引起的频繁往来,精心安排的款待和财富交换,遭到当局反对。当局要采取措施制止这种妨碍经济发展的“浪费”之举。而且,欧洲政府统治当地后,地方战争没有了,陶波制也不能在政治联盟中起到以往的作用了。对陶波制度的消逝,当地人民是惋惜的。有一个萨摩亚人说:“有客来时,没有陶波来款待,怎能不叫人觉得难为情呢?”

这些例子虽则不够概论一般的情形,但具有比较的价值。它们表明,在社会生活中,各种制度是联系在一起的,其中一个起了变化,就会对其他的制度发生深刻的、往往是预料不到的影响。它们还表明,在当地人们的传统生活中,根深蒂固的重要的制度,在外来势力的打击之下,如何受到根本性的破坏,然而人民还会尽力抓住残余的制度去满足一些传统的需要。在这一点上,各个社会的反应并不相同。有些对变化过程反抗较强,有些软弱,至于他们为什么反应不同，现在我们还说不准。

人类学家的兴趣不只是怀旧，不只是研究残存的古代习俗和远离文明的人类社会制度，他们也不只是想缅怀人类历史的远古时代。今天世界上的多数民族，甚至最不发达的社会的民族，都与文明，特别是西方文明，发生某种积极的联系。其中许多民族努力使他们的社会适应新的经济、政治和社会的模式，这使他们的社会在某些方面和西方更接近，在其他一些方面又可以起新的更加独立的作用。有时他们社会中的一些个人、群体、阶层和阶级，由于拥有财富、教育或政治权力，可以成为相当完满的整体。他们之中往往会有一个特权阶层，在财富、教育或权力上地位最高，他们可以自由地和西方社会的人相互交往。但是其他多数阶层的人民不能完全达到他们适应西方文明的目的，一部分由于他们没有钱，一部分由于他们没有受过使他们获得文化的培训，但可能还有别的一些因素，如他们固守他们熟悉的生活方式，认为它很美好，很有道德，甚至很有精神价值。他们对自己生活方式的评价和对西方生活方式的评价可能是对立的。对于势不可当的外来文化是否可能把他们“同化”，“同化”是否可取，在他们中间也可能存在不同的看法。

无论怎样，都不能把社会或文化的变化看成一个机械的过程，或一种向“落后种族”输送“发展”、“开化”或“进步”的简单的事情。

连续几个世纪，基督教传教士一直是引起社会变化的最大的——也是宣扬最广的——力量之一。但人们改变宗教信仰并不只限于改信基督教。伊斯兰教自从它创立那天起，就在积极地寻找皈依者，最近开展的伊斯兰教运动对约鲁巴人、门德人和其他许多西非民族的文化影响很大。印度教也是如此，但它在某些方面要松弛得多，对皈依者的要求不那么严，它在没有宗教信仰的印度“土著”部落中传教已取得很大进展。

除了宗教因素以外，还有两种强大的力量引起社会的或文化的变化，一种在经济领域里，一种在政治领域里，甚至在最边远的社区也是这样。一种是人们对新式的扩大的消费模式的兴趣，另一种是人们对新的、更大的对社会事务的决策权的兴趣。前一种力量使人们改变他们的生产习惯，可能是从根本上改变。他们到种植场和矿山去劳动挣工资。他们逐渐提高食用商品的产量，如棕榈油或木薯淀粉等，并将多余的部分向外销售。他们还种植以前没有的或对他们的社区内部经济完全无用的作物，如橡胶、椰子、可可等。他们用挣来的钱购买各种工业品——布匹、罐头食品、长柄平底锅、香烟、手电筒、煤油灯、自行车等。他们建立适合于新的生产体系的新式组织——雇有很多职工的西方型企业；高效率筹集和利用资本的合作企业；个体土地所有者取得了亲属和社区无法干涉的合法权益。在政治方面，新形式的联合体也在增多，例如由村或部落的委员会管理地方事务，由指定或选举产生的代表可以在中央一级会议上提出地方观点。移居国外的侨民，组成联合会为国内同胞谋福利，有些是利用所谓“行动组织”的活动方式。总之，人们通过各种途径组成新的社会组织，人们被分为高低尊卑的地位体系也就相应地起了变化。社会人类学家的一个任务就是研究这些社会关系的动态。近年来，他们对这些变迁做了许多分析工作，尤其在对非洲、大洋洲和拉丁美洲等地社会的研究上。

这些新的社会结构和传统的、已成为习俗的社会制度如何发生关系，是十分重要的情况。有时是与旧日的习俗决裂。第二次世界大战后，新几内亚的一些社区如阿默勒尔蒂岛的马努人和巴布亚湾的普拉里人，好像是在炫耀自己似的，一下子把他们过去的许多习俗一扫而空，为了重建新生活，并表示对新秩序的重视，甚至放弃传统的村落。更常见的是把传统生活的一些因素和新的生活方式混合在一起。如新几内亚南部的迈卢人，为了经济和政治的目的采用了许多新式的组合形式，同时仍保留他们原有的村落组合，他们的房屋仍然建在柱子上，建在一条街或一个广场的四周，他们的氏族和其他社会团体仍按传统的体系组合。另一方面，沙捞越的梅拉瑙人却不同，他们并没有有意识地摒弃老式的家庭生活，只是不再建造传统的“长屋”（即共有一个长屋顶的一排住房），而是建起一幢幢分散的房子，每所房子至多住三四家人。他们这样做，是同布鲁克王朝建立后西谷米出口需求量的增长和突发的战争袭击危险的消失相适应的。但是在过去的半个世纪中，虽然那里的家庭体制、经济体制和政治体制（部分地）起了根本的改变，亲属关系和婚姻等社会形式大体上仍是传统式的。

我们从社会变迁和文化变迁的研究中得出了一个重要的判断：大体上说来，一个社区的人民对那些和他们的传统价值观念及组织形式有连续性的或相似的促进因素最容易接受。即使他们是在探求一种全新的事物，他们也常用他们熟悉的旧的结构和原则来表示他们的新的组织结构。例如新西兰的毛利人，虽然百余年来已接受了西方文明，但他们仍然愿意按祖传的方式处理许多公共事务，在公共广场（他们称为“马雷”的地方），在村会议室门口立着一块象征他们祖先的木雕。既然他们非常重视古老文化，就有可能在这里举办一个重要的人物的丧事。但是他们同样可能在这里讨论兴建锯木厂和乳制品合作社的事。

传统势力的重要性是不容忽视的。有些地方的人和外来文化发生长期接触以后，他们的生活方式和思想显然有了根本的改变，可是他们还会恢复古老的习惯，或是重新实行一些传统的习俗，把它们夹杂在新的生活方式中。例如许多“传统宗教复活”运动——在举行宗教仪式时，常把基督教或其他西方宗教的仪式和内容与当地古老的信仰及习俗混在一起，在一个局外人看来，这简直是对文明行为的滑稽模仿。这类运动有毛利人的“豪豪”教、北美印第安人的“鬼舞”道门、缅甸钦人的“帕钦豪”教、非洲的以地方宗教形式出现的“瞭望塔”运动、新几内亚和太平洋西部的“货物崇拜”及类似的运动。这些运动的起源和组织很不相同，但是一般说它们的兴起大部分是为了对付由西方势力造成的显然无法控制的局面。有时他们的运动是为了发泄愤怒，如对失去土地愤愤不平；有时他们没有具体的反对目标。他们的宗教常常带有反对欧洲人的政治倾向。北美草原印第安人的“鬼舞”道门和毛利人的“豪豪”教以及其他一些宗教运动的反抗性很强，甚至会导致战争。肯尼亚的基库尤人的“茅茅”运动，以暴力和凶残著称，使用发达的政治的和军事的组织形式，而未使用宗教仪式。这个运动主要是发泄在土地问题上的不满情绪，入教要宣誓，它的象征手法粗野，它的愿望有幻想的性质。从这些方面来看，它属于上述的一类运动。这样的运动绝不能仅仅看作迷信活动，或者是政治“煽动”的结果，或者简单地说成是野性的恢复和返祖思想的表现。实际上它们是在

与新事物相适应过程中表现出的紧张状态。它们是为解决新旧制度、主张及价值观念在相互适应时所造成的严重问题所作的努力，尽管这种解决办法是无效的和判断错误的。虽然没有用语言说出来，它们确实表达了当地人民的主张，要求承认个人的尊严，承认他们的知识和力量。这些运动既重视实际的内容，也重视使用象征性的手段，以某种生动的表演形式，唤起人民重新掌握自己命运的希望。这些运动往往和基督教的派别、先知和救世主崇拜以及地方性的教派有很多相同之处，因为那些教派也是从原有的困境中谋求新的出路，不过主要是以改变仪式的方式。而且，尽管有共同的目的，人们在使用的手段上却可能存在根本不同的意见。因此，上述“本土主义”的、联盟的运动的领导者常受到他们自己社会中一部分人的激烈反对。的确，这样的斗争往往转化为传统社会所特有的古老的地位之争和宗派之争。

当社会人类学家开始认识到他可以用他的技术去研究技术落后的社会的变迁时，他也看到他的技术对于研究较发达的农村人民也有用。现在已经进行了这方面的研究，如对爱尔兰人、威尔士人、库尔德人、马来亚人、印度人以及中国农民的研究，对阿拉伯贝都因人的研究，对拉丁美洲和西印度群岛的许多民间文化的研究。④对农民的研究和对更具异国情调的民族的研究一样，对于诸如亲属关系、工作、地位、仪式等问题也都需要一一探讨。有些人类学家在工作中受到鼓舞，又从农村研究转向都市研究。他们研究了英国、美国、南非的都市里的“有色”人种的群体结构和价值观念；在工厂工人中研究劳资关系和社会关系；在美国白人中研究地位分层和阶级分层；甚至研究好莱坞的文化模式。其实，现代人类学家在任何一个社会体系中都能找到施展他的实地观察的精深技术的实验室。有些学科——如经济学、政治学、心理学、社会学等——已经从事对文明社会制度的研究了。总的来说，这些学科大规模地研究了主要的社会现象。人类学家常认为自己和社会学家同行，虽然有一些社会学家不同意这种看法。可以说社会人类学家是这样一类社会学家，他们专门从事小规模的实地观察，同时又保持他们从一般社会理论和对简单社会的研究中得出来时关于社会和文化的总的思想框架。按照这种看法，社会人类学可以称作“微观社会学”，它对其他学科的“宏观社会学”起补充作用。对于西方文明社会制度的“宏观结构”，我们已经知道了不少。社会人类学家的贡献在于，对西方文明社会制度的“微观结构”和组织，如一个工厂、一个医院或一个教堂里的人们之间的社会关系的精确形态以及这些关系在男人和女人的生活中所起的实际作用，提出系统的知识。年复一年，这类研究日益增多，正形成一批概括性的结论，这些结论将和其他社会科学学科得出的结论一起，帮助我们理解我们自己的社会中人民的行为。

这关系到应用人类学的问题。

应用人类学

理论人类学，和其他科学一样，有它实际的应用。正如天文学可用来改进航海术，物理学可用在工程建筑及无线电话上，化学可用在药物学和医学上，人类学也可用来改进社会工作的计划和解决社会关系问题。在早期，社会人类学主要是研究异族人民，当时他们的生活还没有受到多少外界的干扰。那时人类学的研究，对传教士、商人、政府官员的一往直前的开拓工作，还没有什么用处。但是，随着他们在开拓过程中遇到意想不到的阻力，当地人民开始反抗，反抗的方式极其复杂，与预想的完全不同，这时就出现了人类学的应用方面。在异邦拥有殖民地和其他利益的政府、传教团体、教育机关、国标组织、工商企业，越来越多地利用现代人类学训练方法和人类学的著作，聘请人类学家到当地工作，借以得到对制定和推行他们的方案有用的信息。

那些异邦社会由于同西方社会接触，由于它们内部的发展，产生了许多问题，也需要社会人类学家给予帮助。如人口控制问题——或是防止人口下降，或是在最近几年中安置增加的人口并实行节制生育政策——为解释两性关系和婚姻、怀孕、分娩、抚育子女等问题提供了机会。土地利用问题包括对个人、团体、首领、整个社区，甚至祖先的土地所有权的确定，以及亲属关系和继承法对土地生产的影响。工业雇工所产生的问题，包括从边远农村流入的劳动力问题以及他们留在家中的妇女儿童情况(包括妇女负担过重的农业劳动，和对儿童监管方式的干扰)，还包括在就业中心劳工组成的新的组织和复杂的工资分配制度。此外还有一些亟待解决的困难问题，同样需要仔细地分析研究，例如：为农产品寻觅市场问题、债务和资本的形成问题、所谓新娘聘金的买卖婚姻问题、本地牲口用于非商业的目的问题、巫术的问题、新教派产生的问题以及使教育适合当地需要的问题。

在这些及其他问题上，人类学的知识可以有各种用途。第一，人类学有助于全面地了解当地的习俗，从而可以认识理解当地人

民态度的重要性。例如，以前白人极力要取消非洲的称为“罗巴拉”的习俗——娶妻时要用牛羊或其他财产去交换。现在他们已经明白这种习俗有助于稳定夫妇间的关系，保护妇女不受丈夫遗弃或虐待，以及确立子女的合法地位。还有一个典型事件说明理解非洲人民信仰的重要性，即阿散蒂人的金凳子。据说这个金凳子是从天上降下来的，凳子的样式和非洲人平时所用的凳子相同，只是有一部分是用黄金包起来的。当地人认为它是他们民族的最神圣的宝物，寄托着阿散蒂民族的灵魂。虽然一般说首领的凳子就是王座，但是实际上从来没有人坐过金凳子，甚至国王阿散特希涅也没坐过。在祈求它的神力时，国王也只是假装在上边坐三下，又回到自己的凳子上去，并把他的手臂靠在金凳子上。金凳子是永远不能和地面接触的，一定得放在一张象皮上，并用一块特制的布盖上。十九世纪末，英国的官吏有好几次想得到那只金凳子，因为他们认为它是统治人民的最高权力的象征，坐在它上面才能统治该地的人民。有一个总督不知实情，指责酋长们让他坐在一把普通的椅子上，他说他是维多利亚女王的代表，为什么不能坐在金凳子上。随后发生的战争在相当大的程度上是由于阿散蒂人不能容忍这种恫吓，他们既愤怒又害怕，因为这种恫吓亵渎了他们民族灵魂所寄托的最神圣的宝物。

后来这个凳子被藏起来了。二十年后，偶然被几个工人从地里挖了出来，挖出的人怂恿保管者把上面的黄金饰物取下来出卖。当这件事被阿散蒂人的酋长和人民知道以后，他们大为震怒，要求处死罪犯。经过政府的人类学顾问、已故的拉特雷上尉说明情况，政府才知道这个金凳子对阿散蒂人民象征着什么，于是明智地决定把这案子交给阿散蒂的酋长们自己去办。酋长们没有使用死刑，而是把犯人放逐出境。他们还宣布以后不把金凳子藏起来了，因为不会再有人要他们把它交出去了。⑤

理解促进宽容——理应如此——人类学家所提供的关于当地制度和信仰的知识，在有些情况下，促使管理别人行为的人们在处理事件时，不采用以前那种严厉和固执的态度。如跳舞和入会仪式在以前常常是被禁止的，现在欧洲来的管理者知道这两个习俗对社区生活极有帮助，如果加以禁止，会极大地扰乱社会生活。埃德温·史密斯博士是个很有经验的传教士，他甚至主张有时也可以允许一夫多妻的事存在。“很多非洲的基督教徒秘密地和女人私通，这比多妻更坏——使妇女遭受更大的不幸。”他曾准许多妻的男子进入教会，并不强迫他遗弃合法娶来的妻子和他的孩子们的母亲。现在管理者已经懂得尊重本地人民认为有价值的事物，即使他们自己可能不赞同那些事物。所以现在很少见到有欧洲人像以前在南海的那些热心的年轻传教士那样，为了要在顽固的老人面前证明他们认为神灵所居的“圣池”没有力量，竟用炸药去炸死一塘无辜的游鱼！

在必须调整民族习俗和外来文明所带来的价值观念之间的关系时，如果懂得当地习俗和信仰的原则，就可以不采取禁止的手段，而用代替的方法。例如，在新几内亚的一个部落里，青年男子在结婚前必须猎取一个人头。政府的一位人类学顾问通过和当地老人的协商，终于得到他们的同意，用野公猪头代替了人头。这样做既能表现男子求婚的气魄和勇气，又符合部落的规定，同时制止了具有破坏性的猎人头的行为。

如上述这种将人类学应用于非西方异国文化的早期事例在第二次世界大战期间和大战之后还曾发生过。对移居美国的日本人聚居地的社会情况的研究使我们了解到，在这种情况下起作用的各种紧张情绪和反抗的心理状况，并使我们明白这些日本人为什么不愿意到住地以外的地方去挣工资或离开他们原先的住宅搬到别的地方去住。对于在美国军事管制下的密克罗尼西亚人的情况的研究表明，在一个仍然主要按世袭制继承领导权的社会中强迫人们接受民主选举的方式将会发生的复杂情况。对于一些在美国印第安人管理局保护下的印第安人社区（如霍皮人、纳瓦霍人、帕帕戈人、苏人）的研究充分阐明了在实施经济和社会发展计划时考虑民族的传统生活方式和价值观念的重要性。社会人类学者已经在世界其他很多地方进行过这种社会经济研究。他们可以证明，把人们的行为看作一个错综复杂的社会体制的组成部分，而不是简单地看作个人对于进步的生活方式的向往，是非常重要的。正是从这个观点出发，人类学家也对西方社会中工业方面和医药界方面的人际关系作了专门研究，其中特别注意了那些常为人们所忽视的非正式组织的情况。

从这些近来的研究情况看，人类学家现在起的作用不像早期那样显著。他们对问题作出的结论虽然很切实际，但往往是建议，而不是解决问题的方案。通向发展的门看来是关上了，人类学家没有钥匙打开它——不过他还是常常能找到点润滑油涂在门的合叶上。这个比喻的意思是说，人类学家的工作可贵之处，不在于对困难的政策问题和实施问题提供直接的“答案”，而在于对产生困难的原因所作的基本分析，在于它表明，越是符合实际情况，就越能缓和紧张的局面。

这里遇到一个重要的问题。有些人认为人文知识的价值在于它最终是有用的——即使他们没有把人文知识看得更重要一些，他们也是根据一种个人的审美观点提出自己的看法的——在这些人看来，人类学的正确性在于它能作出正确的判断，能把人类行为的复杂性解释清楚。但另有一些人认为这门科学是否正确，要看它的实际效果如何，他们认为一个称职的人类学家，应当帮助找到解决行政、教育或人类福利等方面的困难问题的办法。

这种观点是很难实现的。要人类学家来解决的这些问题超出了他所能处理的权限范围。他不能改变当局所采取的各方面的政策——法律的、行政的、经济的、宗教的和教育的——即使他的研究结果使他认为这些政策是不合于当地需要的。他好像是处在一个医生的地位，要求他给病人看病，病人却不管他的诊断结果如何，预先说他要接受哪种治疗，病人要求于他的只是实施疗法的细节。而且，这些政策的最终目的又往往是不明确的。如果有一个人类学者被请去帮助政府制定一项更有效率的殖民统治的政策，他就要问，这项政策的最终目的是使人民能建立自治政府，自由选择他们所愿意接受的政治制度呢；还是要在保持殖民帝国体制的前提下，使社会结合得更紧密，使人民更能守法，更能按时纳税，使社会公用事业更有效率？当有人主张人类学一定要对实际问题提出解决的办法时，他们常假定人类学家应当拥护和促成的，是我们自己文明社会里的价值观念。个人主义、技术进步、基督教、一夫一妻制，是最普遍地为人们所接受的几条社会准则，对这些准则产生任何怀疑就会被认为是大逆不道。有时，甚至要求人类学家也

把这些准则看成维护白人尊严的准则(幸好不是常常这样)。但是人类学家不但不采取这种态度,而且在他们看来,这些准则并不是什么必不可少的理想的道德标准,只不过是西方文明中产生的复杂的社会行为方式,在西方社会中曾经很合适,但是并没有证明它们是指导其他民族的有效的制度或行为标准。这里我们更加有必要仔细地看一看人们有时强加于人类学的道德责任问题。指责的人在局部利益的争夺上常常是有所偏袒的——他们或代表政府,或代表某种宗教,或代表经济开发者,或代表地方上的要求。既然他们都各有一套设想,认定了应当怎样做才算是对的和有利的,于是就出现了这样一种危险:如果人类学的判断不合他们的目的,就被一笔抹杀。和其他科学一样,客观的人类学应当不受"现实"方案的束缚,这是重要的——甚至比其他科学更有此必要,因为人类学的研究结果和人类生活的关系太直接了。

这并不是说,人类学的研究不能直接为实际服务;只是说,不应有压力强迫人类学去追求应用的价值。那么,人类学家对于我们面临的不发达国家的问题如何起作用呢?我的看法是,人类学家理想的作用是判断和预测。他的作用是根据分析的结果来说明实际情况,如果某些结果符合人们的愿望,则应提出应当采取什么措施,以及采取这些措施以后,可能会出现什么情况。但是,对于一个科学家来说,不应当要求他一定要同意别人想要达到的目标。他只有做到"价值无涉",才能更好地对实际情况进行判断。当然,这并不是说人类学家没有自己的价值标准。在这里,它的意思是,我们应当承认,人类学家在对目的和方法进行检验,有时甚至表示怀疑之后,在判断应当采取什么行动时,应当有相对的行动自由。

这个问题还有另外一种值得重视的倾向，即人类学家有可能越来越脱离他所研究的民族的实际情况。一个人类学家只要深入了解问题，深刻认识最终的目标，并具有责任感，他就不会脱离客观现实。但是，他若是当地人，人们就会认为他是和当地的某种利益一致的，这样一来，他的动机就会被人怀疑，他自己就会受到更大的压力。而他若不是当地人，情况就两样了。重要的是，不论在哪种情况下，人类学家都应该不带任何偏见地评价现实情况。

一些现代人类学家具有激进的政治信念，他们不同意不承担义务的立场。但另有很多人类学家认为，对一个激进的计划表示默许——如对宣布为官方政策的目的不持批评的态度——就等于压制理性。对这两种不同的看法一直存有争议。

并不是只有人类学家才能理解人类事务，才能机智地处理它们，他们也不是总能圆满地解决困难的问题。但是至少他们对社会的结构、组织和价值准则的了解，能帮助想要改变社会的人提出正确的问题，并帮助他得到答案，使他能稳妥地行事。社会人类学作为一门应用性的学科，它的更持久的价值可能在于作为一门文化学科，它给予思想成熟的人更广泛的教育，使他们能够得到有关人类行为比较原则的更坚实的知识。作为社会的成员，我们都想尽可能合理地控制自然环境和社会环境。人类学为这个目的作出了贡献，从事人类学研究的多数人从研究的实践中，看到它对了解和指导人类事务的真正有价值的东西。

注　　释

① 从十八世纪以来就有一些名词来表示配偶数目不同的婚姻，这些词

来源于古希腊文，如：*andros*（男人、男性、丈夫）；*gamos*（配对、婚姻）；*gyne*（女人、女性、妻子）；*monos*（单独）；*polos*（大量），*polloi*（许多）。由此出现 polyandry（一妻多夫）、polygyny（一夫多妻）、monogamy（一夫一妻）等词（参看本书第 95 页、第 165 页）。

② 非洲语言和文化国际研究所（International Institute of African Languages and Cultures）于 1938 年在伦敦出版了一本人类学家的论文集，名为"Methods of Study of Culture Contact in Africa"，并附有一篇马林诺夫斯基的理论性较强的序文。另外，下列著作的排列顺序表明三十多年来对社会和文化的变迁的研究有了发展：

Brown, G. & Hutt, B., *Anthropology in Action*, Oxford, 1935.

Keesing, F. M., *The South Seas in the Modern World*, New York, 1941.

Wilson, G. & Wilson, Monica, *The Analysis of Social Change*, Cambridge, 1945.

Spicer, H. (ed.), *Human Problems in Technological Change: A Casebook*, New York, 1952.

Mead, Margaret (ed.), *Cultural Patterns and Technical Change*, Tensions and Technology series, UNESCO, Paris, 1953.

Gluckman, M., *Custom and Conflict in Africa*, Oxford, Blackwell, 1955.

Lloyd, P. C., *Africa in Social Change: Changing Traditional Societies in the Mode World*, Harmondsworth, Penguin, 1967.

③ 见 A. I. Richards, "Tribal Government in Transition", *Journal Royal African Society*, xxxiv, 1935。其他更多的关于本巴人的材料见奥德丽·理查兹的著作：*Land, Labour and Diet in Northern Rhodesia*, OUP, 1939。

④ 最早一本研究西方社区的人类学著作是：
Arensburg, C. M. & Kimball, S. T., *Family and Community in Ireland*, Cambridge (Massachusetts), 1940。

⑤ 详见 Edwin W. Smith, *The Golden Stool*, 1926。

文献目录

大量重要的人类学著述仍然只能在科学期刊上见到，这种期刊有：*The Journal of the Royal Anthropological Institute* (now *Man*)，*American Anthropologist*，*Anthropoids*，*Africa*，*Oceania*，*Banta Studies*，*Journal of the Royal African Society*，*Journal of the Polynesian Society*，*Southwestern Journal of Anthropology*，*Applied Anthropology* (now *Human Organization*)，*Ethnology*。本书的一些实例就取自这些杂志上刊登的论文。

现在有了许多讨论和阐述社会人类学一般原理的著作，它们常常代表不同的观点。下面列出的一些出版物主要是英文著作，囊括了这门学科的主要内容。大多数是新近出版的，但也有少数是特别有用的较早的著作。

(一)介绍性著作：

Gluckman, Max, *Custom and Conflict in Africa*. Oxford, Blackwell, 1955.

Lienhardt, Godfrey, *Social Anthropology*. Oxford University Press, 1964.

Mair, L. P., *An Introduction to Social Anthropology*. Oxford, Clarendon, 1965.

Beattie, John, *Other Cultures: Aims, Methods and Achievements in Social Anthropology*. London, Cohen & West, 1964; Routledge & Kegan Paul (paper), 1966.

Firth, Raymond, *Elements of Social Organization*. London, Watts, 1951; Tavistock, 1971.

关于种族问题的文献是很多的。从人类学角度进行论述的较好的著作有：

Little, Kenneth, *Race and Society*. Paris, UNESCO, 1952.

Banton, Michael, *Race Relations*. Social Science Paperbacks, London, Tavistock, 1967.

Banton, Michael, *Racial Minorities*. London, Fontana, 1972.

社会人类学史还有待人们去撰写。有些初步的，更确切地说是肤浅的论述可见于下列著作：

Kuper, Adam, *Anthropologists and Anthropology: The British School 1922-1972*. London, Allen Lane, 1973.

Henson, Hilary, *British Social Anthropologists and Language*. Oxford Monographs on Social Anthropology. Oxford, Clarendon, 1974.

由塔维斯托克公司(Tavistock, London)为英联邦社会人类学家协会出版的 ASA 专论集对社会人类学的最重要领域中的主要问题作了分析，包括：

Banton, Michael (ed.), no. 1: *The Relevance of Models*

for Social Anthropology, 1965; no. 2: *Political Systems and the Distribution of Power*, 1965; no. 3: *Anthropological Approaches to the Study of Religion*, 1966; no. 4: *The Social Anthropology of Complex Societies*, 1966.

Leach, Edmund (ed.), no. 5: *The Structural Study of Myth and Totemism*, 1967.

Firth, Raymond (ed.), no. 6: *Themes in Economic Anthropology*, 1967.

Lewis, I. M. (ed.), no. 7: *History and Social Anthropology*, 1968.

Mayer, Philip (ed.), no. 8: *Socialization: The Approach from Social Anthropology*, 1969.

Douglas, Mary (ed.), no. 9: *Witchcraft Confessions and Accusations*, 1970.

Ardener, Edwin (ed.), no. 10: *Social Anthropology and Language*, 1971.

Needham, Rodney (ed.), no. 11: *Rethinking Kinship and Marriage*, 1971.

Cohen, Abner (ed.), no. 12: *Urban Ethnicity*, 1974.

其他重要的英文社会人类学丛书有:the London School of Economics Monographs on Social Anthropology, begun in 1940; the Cambridge Papers in Social Anthropology, begun in 1958; and the Oxford Monographs on Social Anthropology, begun in 1963。其中有些将在下面提及。

(二)专业性更强的著作：

下面为那些想要深入研究这门学科的人提供一些更重要的专业性著作。

(a)关于社会结构(包括亲属关系和社会分层)：

Nadel, S. F., *The Theory of Social Structure*. London, Cohen & West, 1957.

Goody, Jack (ed.), *The Development Cycle in Domestic Groups* (Cambridge Papers in Social Anthropology, no. 1). Cambridge University Press, 1958.

Firth, Raymond, *Social Change in Tikopia*. London, Allen & Unwin, 1959.

Mayer, Adrian C., *Caste and Kinship in Central India*. London, Routledge & Kegan Paul, 1960.

Leach, E. R., *Rethinking Anthropology* (London School of Economics Monographs on Social Anthropology, no. 22). London, Athlone, 1961.

Fortes, Meyer, *Marriage in Tribal Societies* (Cambridge Papers in Social Anthropology, no. 3). Cambridge, University Press, 1962.

Goody, Jack, *Death, Property and the Ancestors*. London, Tavistock, 1962.

Barth, F., *Models of Social Organisation*. London, Royal Anthropological Institute, 1966.

Freedman, Maurice, *Chinese Lineage and Society: Fukien*

and Kwangtung (London School of Economics Monographs on Social Anthropology, no. 33). London, Athlone, 1966.

Nakane, Chie, *Kinship and Economic Organization in Rural Japan* (London School of Economics Monographs on Social Anthropology, no. 32). London, Athlone, 1967.

Fox, Robin, *Kinship and Marriage*. Harmondsworth, Penguin, 1967.

Morris, H. S., *The Indians in Uganda: Caste and Sect in a Plural Society*. London, Weidenfeld & Nicolson, 1968.

Gellner, Ernest, *Saints of the Atlas*. London, Weidenfeld & Nicolson, 1969.

Nukunya, G. K., *Kinship and Marriage among the Anlo Ewe* (London School of Economics Monographs on Social Anthropology, no. 37). London, Athlone, 1969.

Leach, E. R., *Political Systems of Highland Burma* (London School of Economics Monographs on Social Anthropology, no. 44) (paper). London, Athlone, 1970. (First pub. London, Bell, 1954.)

Dumont, Louis, *Homo Hierarchicus: The Caste System and It Implications*. London, Weidenfeld & Nicolson, 1970.

Fortes, Meyer, *Kinship and the Social Order*. London,

Routledge & Kegan Paul, 1970.

Barnes, J. A., *Three Styles in the Study of Kinship*. London, Tavistock, 1971.

Bloch, Maurice, *Placing the Dead: Tombs, Ancestral Villages and Kinship Organization in Madagascar*. London, Seminar Press, 1971.

Philpott, Stuart B., *West Indian Migration: The Montserrat Case* (London School of Economics Monographs on Social Anthropology, no. 47). London, Athlone, 1973.

(b) 对欧洲人和地中海人的人类学研究:

Pitt-Rivers, J. A., *The People of the Sierra/Spain/*. London, Weidenfeld & Nicolson, 1954.

Frankenberg, Ronald, *Village on the Border: A Social Study of Religion, Politics and Football in a North Wales Community*. London, Cohen & West, 1957.

Stirling, Paul, *Turkish Village*. London, Weidenfeld & Nicolson, 1965.

Firth, Raymond; Hubert, Jane; Forge, Anthony, *Families and Their Relatives: Kinship in a Middle-Class Sector of London*. London, Routledge & Kegan Paul, 1969.

Davis, J., *Land and Family in Pisticci/Italy* (London School of Economics Monographs on Social Anthropology, no. 48). London, Athlone, 1973.

(c) 经济人类学研究：

Belshaw, Cyril S., *Traditional Exchange and Modern Markets*. Englewood Cliffs, N. J., Prentice-Hall, 1965.

Swift, M. G., *Malay Peasant Society in Jelebu* (London School of Economics Monographs on Social Anthropology, no. 29). London, Athlone, 1965.

Firth, Raymond, *Malay Fishermen: Their Peasant Economy*. London, Routledge & Kegan Paul (rev. ed.), 1966.

Firth, Rosemary, *Housekeeping among Malay Peasants* (London School of Economics Monographs on Social Anthropology, no. 7) (rev. ed.). London, Athlone, 1966.

Wallman, Sandra, *Take Out Hunger: Two Case Studies of Rural Development in Basutoland* (London School of Economics Monographs on Social Anthropology, no. 39). London, Athlone, 1969.

Ortiz, Sutti R., *Uncertainties in Peasant Farming: A Colombian Case* (London School of Economics Monographs on Social Anthropology, no. 46). London, Athlone, 1973.

Sahlins, Marshall, *Stone Age Economics*. London, Tavistock, 1974.

(d) 政治人类学研究：

Schapera, I., *Government and Politics in Tribal Societies*. London, Watts, 1956.

Smith, M. G., *Government in Zazzau*. London, Oxford University Press, 1960.

Gluckman, M., *Politics, Law and Ritual in Tribal Societies*. Oxford, Blackwell, 1965.

Bailey, F. G., *Stratagems and Spoils: A Social Anthropology of Politics*. Oxford, Blackwell, 1969.

Fallers, Lloyd A., *Law Without Precedent: Legal Ideas in Action in the Courts of Colonial Busoga*. Chicago University Press, 1969.

Balandier, Georges, *Political Anthropology* (trans. A. M. Sheridan Smith from Fr. ed. of 1967). Harmondsworth, Penguin, 1972.

Cohen, Abner, *Two-Dimensional Man: An Essay on the Anthropology of Power and Symbolism in Complex Society*. London, Routledge & Kegan Paul, 1974.

(e) 思想和宗教研究：

主要和神话、宗教以及礼仪有关的神秘思想和象征主义的内容是十分复杂的，它一直是许多人类学家研究的对象。这方面的著作有：

Evans-Pritchard, E. E., *Witchcraft, Oracles and Magic among the Azande*. Oxford, Clarendon, 1937.

Forde, Daryll (ed.), *African Worlds: Studies in the Cosmological Ideas and Social Values of African People*. International African Institute. London, Oxford University Press, 1954.

Lienhardt, Godfrey, *Divinity and Experience: The Religion of the Dinka*. Oxford, Clarendon, 1961.

Fortes, M. & Dieterlen, G., *African Systems of Thought*. International African Institute. London, Oxford University Press, 1965.

Douglas, Mary, *Purity and Danger*. London, Routledge & Kegan Paul, 1966.

Leach, E. R. (ed.), *Dialectic in Practical Religion* (Cambridge Papers in Social Anthropology, no. 5). Cambridge University Press, 1968.

Leach, E. R., *Genesis as Myth and Other Essays*. London, Cape, 1969.

Burridge, Kenelm, *New Heaven New Earth: A Study of Millenarian Activities*. Oxford, Blackwell, 1969.

Turner, Victor W., *The Ritual Process: Structure and Anti-Structure*. Chicago, Aldine, 1969.

Firth, Raymond, *Rank and Religion in Tikopia: A Study in Polynesian Paganism and Conversion to Christianity*. London, Allen & Unwin, 1970.

Lewis, I. M., *Ecstatic Religion: An Anthropological Study of Spirit Possession and Shamanism*. Harmondsworth, Penguin, 1971.

Needham, Rodney, *Belief, Language and Experience*.

Oxford, Blackwell, 1972.

Firth, Raymond, *Symbols, Public and Private*. London, Allen & Unwin, 1973.

La Fontaine, J. (ed.), *The Interpretation of Ritual: Essays in Honour of A. I. Richards*. London, Tavistock, 1973.

图书在版编目(CIP)数据

人文类型/(英)雷蒙德·弗思著;费孝通译.—北京:商务印书馆,2017
(汉译世界学术名著丛书:120年纪念版:珍藏本)
ISBN 978-7-100-14782-8

Ⅰ.①人… Ⅱ.①雷… ②费… Ⅲ.①社会人类学 Ⅳ.①C912.4

中国版本图书馆CIP数据核字(2017)第160895号

汉译世界学术名著丛书
(120年纪念版·珍藏本)
人 文 类 型
〔英〕雷蒙德·弗思 著
费孝通 译

商 务 印 书 馆 出 版
(北京王府井大街36号 邮政编码100710)
商 务 印 书 馆 发 行
涿州市星河印刷有限公司印刷
ISBN 978-7-100-14782-8

2017年12月第1版　　开本 710×1000 1/16
2017年12月第1次印刷　　印张 13¾
定价:65.00元